:haela Urban

AUSTRALIEN

QUEENSLAND – SÜDEN

50 Highlights abseits der ausgetretenen Pfade

360° medien
mettmann

IMPRESSUM
Australien
Queensland – Süden
50 Highlights abseits der ausgetretenen Pfade
Michaela Urban

Bibliografische Information der Deutschen Bibliothek
Die Deutsche Bibliothek verzeichnet diese Publikation in der deutschen Nationalbibliografie. Detaillierte bibliografische Daten sind im Internet über dnb.dnb.de abrufbar.

Redaktion und Lektorat: Christine Walter

Satz und Layout: Serpil Sevim-Haase, Lucas Walter

Gedruckt und gebunden:
Himmer GmbH Druckerei & Verlag | Steinerne Furt 95 | 86167 Augsburg
www.himmer.de

Bildnachweis: siehe Seite 232

ISBN: 978-3-947164-58-5
Hergestellt in Deutschland

www.360grad-medien.de

Michaela Urban

AUSTRALIEN

QUEENSLAND – SÜDEN

50 Highlights abseits der ausgetretenen Pfade

360° medien
mettmann

Vorwort

Australien ist trotz seiner Abgeschiedenheit schon lange kein Geheimtipp mehr. Besonders Backpacker lieben den Fünften Kontinent, und auch zunehmend mehr Touristen aus dem asiatischen Raum leisten sich einen Urlaub dort.

Zu einem der populärsten Bundesstaaten für Besucher aus dem Aus- und Inland zählt ohne Frage Queensland, welcher von Vielseitigkeit nur so strotzt. In der südlichen Hälfte lockt die Hauptstadt Brisbane als lebhafte Metropole und Schmelztiegel der Kulturen, an der benachbarten Gold Coast und Sunshine Coast kann man die Seele in der Sonne an zahllosen Sandstränden mit glasklarem Wasser baumeln lassen, und im nahen Hinterland findet man leicht erreichbare Nationalparks mit Regenwäldern wie aus dem Bilderbuch.

Eigentlich gibt es also keinen Grund diese Ecke zu verlassen, wo doch alles so schön kompakt beisammen liegt – und tatsächlich verbringen die meisten Besucher ihre Urlaubszeit in genau dieser Region. Verlassen sie sie doch einmal, so klammert sich der Großteil an die Hauptstraße namens Bruce Highway, als wäre sie die einzige geteerte Straße in ganz Queensland.

Dabei sollte man nicht nur dafür um die halbe Welt geflogen sein. Man lernt den Bundesstaat nämlich erst so richtig kennen, wenn man vom Bruce Highway abfährt und die zahllosen kleinen – tatsächlich manchmal auch ungeteerten – Straßen erkundet. Mit einer Fläche von fünfmal der Größe Deutschlands bietet Queensland einen schier unermesslichen Reichtum an Sehenswürdigkeiten, der in die wenigsten Reiseführer Eingang findet.

Sie müssen ja nicht gleich bis in die Wüste des Outbacks fahren (auch wenn ich in diesem kleinen Buch einen Trip an den Rand der Simpson Desert bei Birdsville vorschlage), doch zwischen dieser und der Küste befinden sich unendliche Quadratkilometer voll Abenteuer, die nur darauf warten, dass man sich in sie stürzt.

Haben Sie zum Beispiel schon einmal nach Gold und Fossilien geschürft oder nach Saphiren und Opalen gesucht? Oder wie wäre es mit Tauchgängen zu einem versunkenen Wrack und Riffs, die sich vor dem wei-

ter nördlich gelegenen Great Barrier Reef in keinster Weise zu verstecken brauchen? Zahlreiche verborgene Wasserfälle und erfrischende Felsenbecken im dichten Regenwald warten nur darauf, auf kleineren oder größeren Wanderungen entdeckt zu werden, und wer mit dem Geländewagen unterwegs ist, wird herausfinden, wo er wie ein echter Aussie über endlos lange Sandstrände und unwegsames Gelände mit Flussüberquerungen fahren kann.

Gemütlich geht es durch Queenslands eigene Weinregion oder paddelnd durch die zweitgrößten Everglades der Welt. Ich gebe Ihnen Tipps, wie Sie auf Tuchfühlung mit der einzigartigen Tierwelt der Region gehen können (von kleinen Schnabeltieren über Koalas und Meeresschildkröten bis hin zu Buckelwalen), und wo man am besten Surfen lernt. Und natürlich zeigen ich Ihnen auch, wie Sie an beliebten Spots wie der Gold Coast und Sunshine Coast Land und Leute ohne Touristenmassen kennenlernen können.

Jede vorgeschlagene Destination kommt mit einer detaillierten Beschreibung, großformatigen Bildern und einer hilfreichen Infobox, die Ihnen die Planung erleichtert, damit Sie Ihre Zeit in vollen Zügen genießen können. Das einzige, was Sie nach der Lektüre dieses außergewöhnlichen Reiseführers bereuen werden, ist, dass sie wahrscheinlich nicht genug Zeit haben werden, alles zu machen – aber man soll ja bekannterweise nie versuchen alles zu sehen, um einen Grund zu haben, wiederzukommen.

In diesem Sinne: Viel Spaß bei der Erkundung Süd-Queenslands abseits der ausgetretenen Pfade!

Michaela Urban
www.michaelaurban.com

Inhaltsverzeichnis

Info

Einige der im Buch erwähnten Tour-Anbieter und Unterkünfte bieten sogenannte Leser-Specials, die von einer kostenlosen Tour über vergünstigte Angebote bis hin zu Naturalien reichen können. Sie sind mit einem speziellen Rabatt-Symbol in den Infoboxen der jeweiligen Kapitel markiert und auf Seite 230 und 231 noch einmal zusammen gefasst. Dort gibt es auch weitere Infos, wie man die Leser-Specials bekommt.

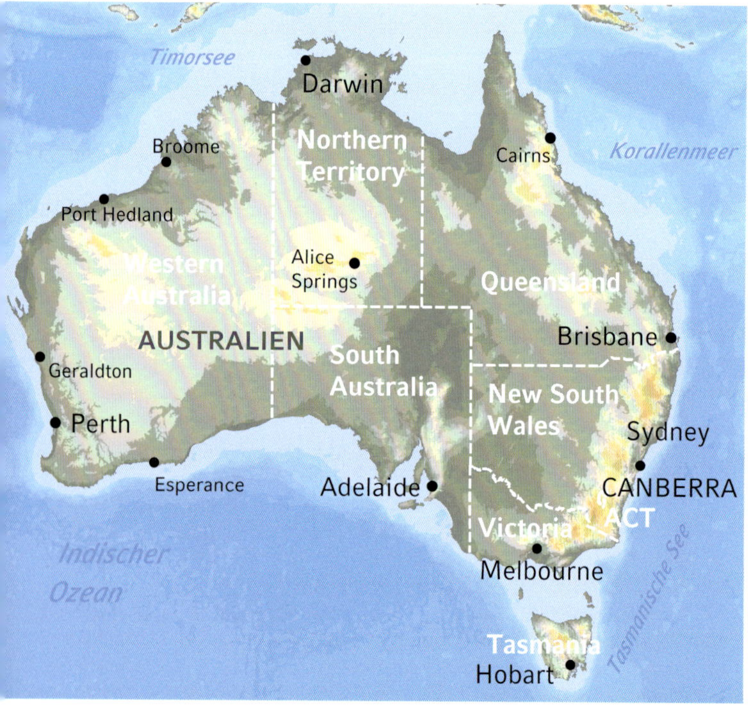

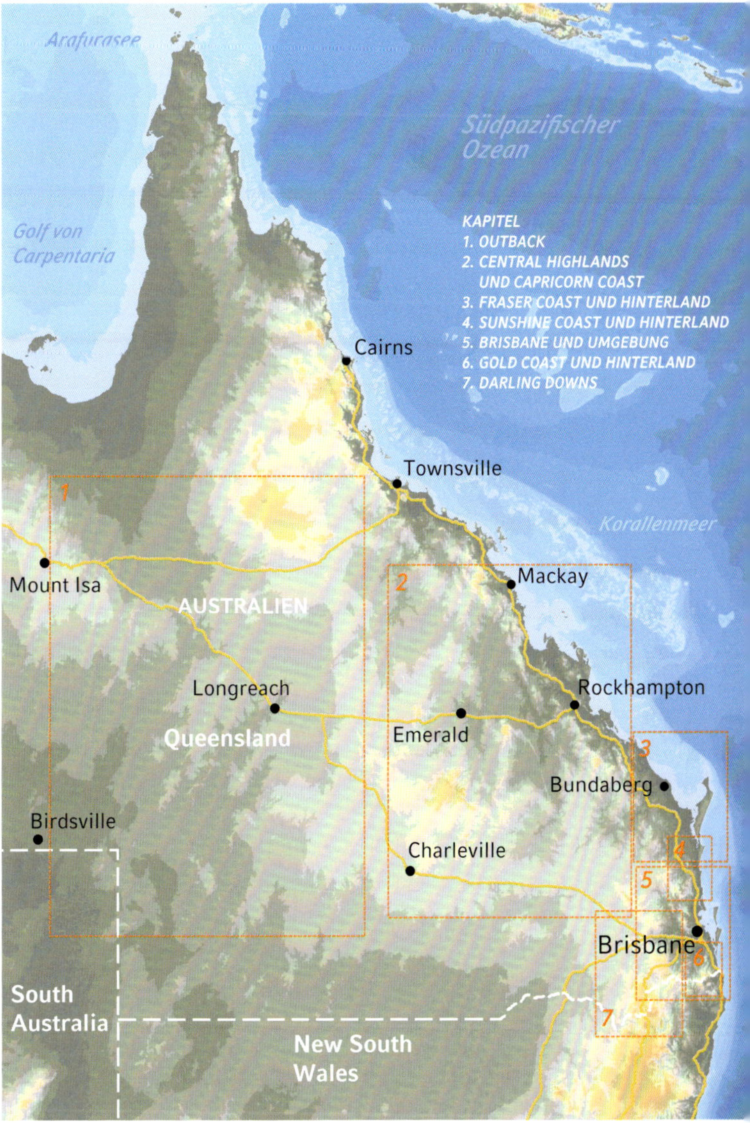
Arafurasee
Südpazifischer Ozean
Golf von Carpentaria
KAPITEL
1. OUTBACK
2. CENTRAL HIGHLANDS UND CAPRICORN COAST
3. FRASER COAST UND HINTERLAND
4. SUNSHINE COAST UND HINTERLAND
5. BRISBANE UND UMGEBUNG
6. GOLD COAST UND HINTERLAND
7. DARLING DOWNS
Cairns
Townsville
Korallenmeer
Mount Isa
Mackay
AUSTRALIEN
Longreach
Rockhampton
Queensland
Emerald
Bundaberg
Birdsville
Charleville
Brisbane
South Australia
New South Wales
1
2
3
4
5
6
7

Outback

1. Birdsville: Viel Trubel im Nichts
2. Diamantina National Park: Unverfälschter Outbackgenuss
3. Longreach: Geschichtstour der anderen Art
4. Welford National Park: Outbacklandschaft wie aus dem Bilderbuch
5. Hell Hole Gorge National Park: Auszeit im Outback
6. Eromanga: Auf den Spuren von Dinosauriern und Megafauna
7. Quilpie: Auf der Suche nach versteinerten Regenbögen

Inka-Kakadu im Flug

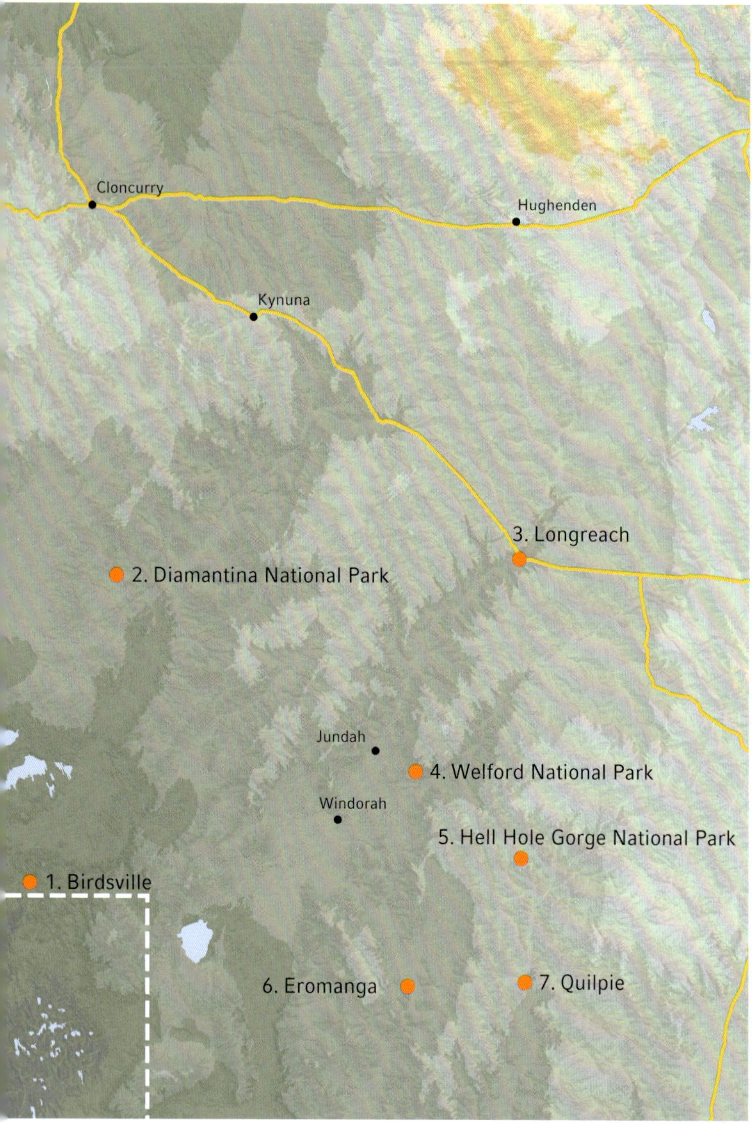
Cloncurry
Hughenden
Kynuna
3. Longreach
2. Diamantina National Park
Jundah
4. Welford National Park
Windorah
5. Hell Hole Gorge National Park
1. Birdsville
6. Eromanga
7. Quilpie

1. Birdsville: Viel Trubel im Nichts

Mitten im Nirgendwo hat sich der nur ungefähr 100 Bewohner zählende Ort Birdsville im Laufe der Jahre einen Ruf erarbeitet, der weit über seine Grenzen hinweg durchs Outback schallt. Seien es die roten Sanddünen der Simpson Desert, die legendären Birdsville Races, das Big Red Bash-Musikfestival oder einfach das viele Nichts – am besten man findet selbst heraus, was diesen Ort so besonders macht.

Die roten Sanddünen der Simpson Desert charakterisieren den Westen von Birdsville.

Seit 1882 finden in Birdsville einmal jährlich Pferderennen statt, die heutzutage unter dem Namen Birdsville Races bekannt sind. Sie werden von Jahr zu Jahr größer und sind mittlerweile so berühmt, dass sie auch „der Melbourne Cup des Outbacks" genannt werden, bei dem Jockeys vor einem Publikum von mehreren Tausend Besuchern um Preisgelder von über 200.000 Australische Dollar kämpfen.

Dieses Event, das immer am ersten Wochenende im September stattfindet und Australier aus allen Ecken des Kontinents anlockt, dreht sich mittlerweile um viel mehr als darum, welches Pferd als Erstes durchs Ziel kommt. Hitze und kühles Bier in Strömen tragen zu einer ausgelassenen Karnevalsstimmung bei, die sich teilweise in kreativen Verkleidungen zeigt und zu einem vielfältigen Showprogramm wie Peitschenknall-Demonstrationen, kostümierten Wettrennen und Boxkampf für jedermann geführt hat.

Basierend auf dieser Erfolgsgeschichte gibt es seit einigen Jahren im Juli drei Tage lang Big Red Bash, das sich selbst stolz „das abgelegenste Musikfestival der Welt" nennt und australische Stars auf die Bühne holt. Wer sieht, wie hier inmitten der Wüste westlich von Birdsville wie aus dem Nichts eine Zeltstadt errichtet wird, dem kommen unweigerlich Bilder des weltbekannten Burning Man-Festivals in Nevadas Wüste in den Sinn – auch wenn es hier in Australien deutlich weniger künstlerisch und psychedelisch angehaucht und bodenständiger zugeht und das Publikum aus allen Altersschichten stammt.

Das Musikfestival Big Red Bash zieht jährlich mehr und mehr Besucher an.

Doch selbst wenn man nicht zu diesen Zeiten des Trubels nach Birdsville kommt, gibt es während der nicht so heißen Monate von Mai bis September hier einiges Kurioses zu erkunden. Da wäre zum einen die lokale Bäckerei, die exotische Gerichte wie Kamel-Curry- und Känguru-Rotwein-Pasteten anbietet und als wahrscheinlich einzige des ganzen Kontinents Wein und Bier ausschenken darf; zum anderen der natürliche Birdsville Billabong am Rande des Orts, der zum Schwimmen, Kajaken, Fischen und Wandern einlädt, oder die zwölf Kilometer südlich gelegenen, bis zu 1000 Jahre alten Waddi-Bäume – eine seltene Akazienart, die es nur noch an drei Flecken in Australien gibt und deren Holz so hart ist, dass es nicht brennt und sogar eine Axt kaputt machen kann.

Die Birdsville Bakery bietet ungewöhnliche Pasteten und sogar Alkoholausschank.

Auf keinen Fall verpassen sollte man die Dünen des Munga-Thirri National Park, ehemals bekannt unter dem Namen Simpson Desert. Dieses über eine Million Hektar große Schutzgebiet ist das größte Australiens und darf wegen der extrem hohen Sommertemperaturen von bis zu 50 Grad Celsius nur von Mitte März bis November besucht werden. Über 1000 parallele Dünen erstrecken sich über die Wüste in einem je nach Sonneneinstrahlung blassen Orange oder tiefen Rot. Die mit 40 Metern angeblich höchste dieser Erhebungen wird Big Red oder auch Nappanerica genannt und befindet sich nur 38 Kilometer von Birdsville entfernt, am östlichen Rand der Dünenlandschaft. Sie ist ganzjährig zugängig, und vor allem zu Sonnenaufgang und -untergang hat man von ihrem höchsten Punkt aus einen sensationellen Panoramablick über die unendliche Weite des Outbacks.

Die Big Red Sanddüne befindet sich am östlichen Rand der Simpson Desert.

Ein perfekter Platz, um Sonnenauf- und -untergänge zu genießen: die Big Red

Info

Lage: 170 km südlich von Bedourie und 400 km nordwestlich von Eromanga

Anfahrt:

- Birdsville erreicht man von Windorah im Osten über die Diamantina Development Road und die Birdsville Developmental Road, aus dem Norden von Bedourie aus über die Diamantina Development Road und Eyre Developmental Road, aus dem Süden von Marree aus über den Birdsville Track und die Eyre Developmental Road.
- Zum offiziellen Aussichtspunkt auf der Big Red nimmt man ab Birdsville die Birdsville Simpson Desert National Park Road im Westen des Ortes, bis sie nach 37 km auf die QAA Line trifft, welcher man noch einen knappen Kilometer nach rechts folgt.

***Achtung*:** Aufgrund einer fehlenden, durchgängigen Teerdecke auf allen Zugangsstraßen nach Birdsville und zur Big Red ist ein Geländewagen nötig.

Öffnungszeiten: immer (jedoch sind einige Geschäfte in der heißen Sommerhitze von November bis März geschlossen)

Eintritt: nichts (außer für die Birdsville Races und das Big Red Bash-Musikfestival)

Aktivitäten: Geländewagen fahren, Pferderennen, Musikfestival, Wüsten-Tour, Baden

- *Birdsville Races*: Donnerstag, Freitag und Samstag des 1. Septemberwochenendes; Tagestickets für die Rennen ab 35/0 AUD Erwachsener/Kind; Birdsville Race Club, Birdsville (3 km südöstlich vom Ort); www.birdsvilleraces.com; Tel.: +61 7 4656 3300
- *Big Red Bash*: dreitägiges Musikfestival im Juli; Tickets ab 477/67/1020 AUD Erwachsener/Kind 12-17 J./Familie (inkl. 4 Nächte Camping vor Ort); Birdsville Simpson Desert National Park Road, Birdsville (bei der Big Red); www.bigredbash.com.au

Unterkünfte:

- *Birdsville Hotel*: 27 Motelzimmer im Zentrum des Orts (im alten, historischen Gebäudenachbau befindet sich nur noch der Pub); Zimmer ab 145 AUD; 66 Adelaide Street, Birdsville; www.birdsvillehotel.com.au; Tel.: +61 7 4656 3244
- *Birdsville Caravan Park*: idyllisch gelegener Campingplatz am Birdsville Billabong; Camping ab 35 AUD und Zimmer ab 100 AUD; 1 Florence Street, Birdsville; www.birdsvillecaravanpark.com; Tel.: +61 7 4656 3214

2. Diamantina National Park: Unverfälschter Outbackgenuss

Eine fast wüstenartige Landschaft erwartet einen im abgelegenen Diamantina National Park, der mit über einer halben Million Hektar Fläche einer der größten in Queensland ist. Weite Grasebenen, sandsteinerne Tafelberge und ein Netz an temporären Flüssen sowie permanenten Wasserlöchern und rote Dünen formen eine spektakuläre Landschaft, die Outback-Feeling pur aufkommen lässt.

Trotz seinem auf den ersten Blick kargen Anschein bietet der Diamantina National Park einer großen Palette an Pflanzen ideale Bedingungen und zahlreichen, teilweise extrem raren Tiere eine Heimat. So finden sich zum Beispiel der jahrzehntelang als ausgestorben gegoltene Nachtsittich und der Kaninchennasenbeutler unter den Parkbewohnern. Zwar wäre es bei diesen seltenen und nachtaktiven Tieren eine kleine Sensation sie zu sehen, doch dafür sind zahlreiche andere Papageienarten, Kängurus, Dingos und Emus deutlich weniger scheu und zeigen sich auch tagsüber.

Für einen grandiosen Blick über den Park führt kein Weg an Janets Leap Lookout vorbei. Der einfach vier Kilometer lange Abstecher dorthin beginnt entlang der Diamantina River Road nach Winton, acht Kilometer nördlich der Rangerstation. Von der natürlichen Felsenplattform aus hier kann man sehen, wie sich die vielen kleinen Arme des Diamantina River treffen, um durch das enge Diamantina Gate zwischen der Hamilton Range und der Goyder Range zu fließen.

Auf keinen Fall verpassen sollte man auch den 90 Kilometer langen Warracoota Circuit Drive, entlang dessen man gute Chancen hat, Spinifextauben mit ihrer lustig anzuschauenden Federhaube zu sehen. Und wer noch mehr gefiederte Exemplare verschiedenster Art sehen möchte, der sollte eine Pause am Lake Constance und Warracoota Waterhole einlegen und sie zu nutzen, um die Bäume und das Wasser nach Rußbauchsäblern, Schwarzen Falken, Regenpfeifern und anderen Vögeln abzusuchen. Im westlichen Teil der Rundfahrt bietet sich zudem die Möglichkeit, die Warracoota-Ruinen zu erkunden. Dazu stellt man den Wagen am ausgeschriebenen Parkplatz am Fuße eines kleinen Hügels ab und wandert etwas bergauf. Es gibt keinen offiziellen Pfad, was jedoch die Suche nach den verschiedenen Steinruinen der Pioniere vergangener Tage nur noch interessanter macht.

Den Tag lässt man im Diamantina National Park am besten unter dem unglaublichen Sternendach ausklingen. Hunderte Kilometer von bedeutenden Siedlungen entfernt, erlebt man hier einen Sternenhimmel, wie man ihn nur aus Bilderbüchern kennt.

Kängurus in der Halbwüste des Diamantina National Park

Die Trockenzeit lässt Flüsse zu Wasserlöchern schrumpfen.

Info

Lage: 245 südwestlich von Winton und 250 km nordwestlich von Windorah.

Anfahrt:

- Von Winton aus geht es auf der Jundah (Lark Quarry) Road 95 km nach Süden zur Cork Connection Road. Auf diese biegt man nach rechts ab, fährt 18 km und nimmt dann die Old Cork Mail Road linker Hand. Nach 170 km auf dieser Straße erreicht man die Parkgrenze, und weitere 42 km bringen einen zur Rangerstation.

- Von Boulia aus geht es über die Kennedy Development Road (Min Min Byway) nach Osten, bis man nach 22 km nach rechts auf die Springvale Road abbiegt. Dieser folgt man 135 km lang in den Park und weitere 36 km, um die Rangerstation zu erreichen.
- Von Windorah aus nimmt man die Diamantina Development Road nach Nordwesten und fährt nach 151 km nach rechts auf die Davenport Road. Nach weiteren 150 km erreicht man den Park und 31 km später die Rangerstation.
- Von Bedourie aus nimmt man die Eyre Developmental Road nach Süden und biegt nach 23 km nach links auf die Diamantina Development Road ab. 50 km später fährt man nach links auf die Coorabulka Road, über die man nach 101 km die Springvale Road beim Coorabulka Homestead erreicht. Hier biegt man nach rechts ab und nimmt nach 47 km die Springvale Diamantina Lakes Road nach rechts. Nach 20 km erreicht man die Parkgrenze und nach weiteren 32 km die Rangerstation.

Öffnungszeiten: immer

Achtung: Nur für Geländewagen mit viel Bodenfreiheit geeignet. Extratreibstoff benötigt. Schon leichter Regen kann zu temporären Parkschließungen führen. Gatter so hinterlassen, wie sie vorgefunden wurden. Aufgrund der Abgeschiedenheit ist gute Ausrüstung (d. h. genügend Wasser, Essen, Treibstoff, Erste-Hilfe-Set, Autoersatzteilen, UHF-Radio und Satellitentelefon) essentiell.

Eintritt: nichts

Aktivitäten: Geländewagen fahren, Wandern, Tierbeobachtungen

Unterkünfte:

- QPWS Campingplätze *Gum Hole* und *Hunters Gorge*: sehr einfache und nur teilweise schattige Plätze im Park ohne Strom und Wasser, aber mit Toiletten an ganzjährigen Wasserlöchern; jeweils 6,55 AUD p. P. (ab 5 J.); Onlinebuchung: www.qld.gov.au/camping ⇨ camping

Achtung: Keine Einkaufsmöglichkeiten im Park, d. h. Besucher müssen alles Nötige wie Essen, Wasser, etc. selbst mitbringen. Mitgebrachter Müll muss wieder mitgenommen werden. Aufgrund von Tagestemperaturen bis zu 50° C im Sommer und einer erhöhten Regen- und damit einhergehenden Flutgefahr empfiehlt sich ein Besuch von April bis September.

3. Longreach: Geschichtstour der anderen Art

Das Outback-Zentrum Longreach bietet neben der typischen Landschaft überraschend viel Kultur. Man kann auf den Spuren der Outback-Pioniere zu Land und in der Luft wandeln, einen Einblick in das Leben von Schülern auf abgelegenen Farmen erhalten und abends einen ereignisreichen Tag entspannt beim Sonnenuntergang am Thomson River ausklingen lassen.

Qantas Founders Museum

Egal, ob man mit dem Flugzeug, dem Zug oder dem Auto nach Longreach kommt, den Besuch des Flughafens von Longreach sollte man auf keinen Fall verpassen. Hier befindet sich nämlich das Qantas Founders Museum, welches der Geschichte der Fluglinie und des Flugverkehrs in Australien seinen Tribut zollt. Longreach wurde wenige Monate nach der Gründung 1920 im (für australische Verhältnisse) nahe gelegenen Winton für fast zehn Jahre Hauptsitz von Qantas, bevor die Gesellschaft nach Brisbane zog. Hier wurde der erste richtige Landeplatz für kommerzielle Flüge gebaut, und der Hangar von einst ist heute denkmalgeschützt und noch immer in Betrieb. In ihm findet man ein erstklassiges Museum mit zahlreichen, originalen Ausstellungsstücken, inklusive mehrerer Flugzeuge wie dem ersten Jet der Fluglinie (eine Boeing 707), eine legendäre Boeing 747 sowie eine Nachbildung des ersten Qantas-Fliegers, einer Avro 504k Dyak.

Man mag es kaum glauben, doch selbst Queen Elizabeth II. hat bereits Longreach besucht – 1988, als sie die Australian Stockman's Hall of Fame and Outback Heritage Centre offiziell eröffnet hat. So sperrig der Name,

Australian Stockman's Hall of Fame and Outback Heritage Centre

so unprätentiös waren und sind die Menschen, um die es hier geht. Der Zweck dieser Einrichtung ist, die Geschichte und Kultur des Lebens im ländlichen Australien zu porträtieren, und zwar aus der Sicht von Entdeckern, Pionieren, Viehhütern, Aborigines, Farmbesitzern und vielen mehr. Die Ausstellung beinhaltet einen vielseitigen Mix an Objekten, Fotografien und audiovisuellen Präsentationen, welche die Besucher in das Leben im Outback eintauchen lassen. Auch hier findet sich ein Bereich, der sich der Luftfahrt widmet, genauer gesagt dem legendären Royal Flying Doctor Service. So sieht man in einer Nachbildung in Originalgröße, wie eines ihrer Flugzeuge mit medizinischem Equipment ausgestattet ist, und kann sogar im Cockpit Platz nehmen. Bei dieser Liebe zum Detail ist es kein Wunder, dass Besucher aller Altersgruppen Stunden in der Stockman's Hall of Fame verbringen können.

Wer immer schon fasziniert war, wie in einem so riesigen Land wie Australien der Unterricht für Kinder auf abgelegenen Farmen abläuft, sollte unbedingt bei der Longreach School of Distance Education (ehemals Longreach School of the Air) vorbei schauen. Dieses größte Klassenzimmer der Welt hat einen Einzugsbereich von 420.000 Quadratkilometern – und trotzdem nur um die 250 Schüler. Als Besucher kann man interessanten Präsentationen zur Arbeitsweise der Lehrer lauschen und live einer Unterrichtsstunde zuhören.

Auf der Wing Walk Tour geht es auf den Flügel einer Boeing 747.

Info

Lage: 170 km südöstlich von Winton und 400 km westlich von Emerald

Anfahrt: In Winton nimmt man den Landsborough Highway 176 km nach Südosten. Von Emerald aus fährt man den Capricorn Highway nach Westen, bis er zum Landsborough Highway wird, und erreicht nach insgesamt 413 km Longreach.

Öffnungszeiten / Eintritt

- *Qantas Founders Museum*: täglich von 9–17 Uhr (bis 16 Uhr von Dezember bis Februar); Museum Februar); Museum 28/18 AUD, + Jet Tour 63/43 AUD, + Jet Tour + 747 Wing Walk 128/98 AUD, nur 747 Wing Walk 65/55 AUD Erwachsener/Kind 5–14 J.; 1 Hudson Fysh Drive, Longreach; www.qfom.com.au; Tel.: +61 7 4658 3737
- *Australian Stockman's Hall of Fame and Outback Heritage Centre*: täglich von 9–17 Uhr; 32/15 AUD Erwachsener/Kind ab 5 J.; Landsborough Highway, Longreach; www.outbackheritage.com.au; Tel.: +61 7 4658 2166
- % *Longreach School of Distance Education*: 1-stündige Touren von Mitte Februar bis Ende Oktober, montags bis freitags um 9 und 10:30 Uhr; 12/8 AUD Erwachsener/Kind ab 5 J.; 10349 Landsborough Highway, Longreach; www.longreacsde.eq.edu.au; Tel.: +61 7 4658 4232

Aktivitäten: Museumsbesuche

Unterkünfte:

- *Saltbush Retreat*: stilvolle Unterkunft gegenüber dem Qantas Founders Museum; Hütte ab 180 AUD; 63/65 Ilfracombe Road, Longreach; www.saltbushretreat.com.au; Tel.: +61 7 4658 3811
- *Apex Riverside Park*: einfaches bushcamping am Thomson River 3 km außerhalb der Siedlung mit Duschen neben dem Besucherzentrum; 3 AUD (zu bezahlen im Besucherzentrum); 99 Eagle Street (Qantas Park), Longreach, Tel.: +61 7 4658 4150
- *Longreach Tourist Park*: sonniger Platz im Osten der Stadt; Camping ab 28 AUD und Hütte ab 115 AUD; 12 Thrush Road, Longreach; www.longreachtouristpark.com.au; Tel.: +61 7 4658 1781

4. Welford National Park: Outbacklandschaft wie aus dem Bilderbuch

Rote Sanddünen bedeckt mit silbernem Spinifexgras, weißgrüne Eukalyptusbäume und typisches Buschland unter tiefblauem Himmel – so stellt man sich das Outback vor. Genau diese Landschaft findet man im Welford National Park, in dem sich eine vielfältige Tierwelt entlang des Barcoo River angesiedelt hat.

Schon bei der Anfahrt sollte man seine Augen aufhalten, da die weite Grasebene ein beliebter Aufenthaltsort von Emus, Wallaroos sowie Roten und Grauen Riesenkängurus ist. Was auch gleichzeitig heißt, dass man besonders zur Dämmerung auf Tiere achten muss, die die Straße kreuzen. Doch im Welford National Park ist ohnehin der Weg das Ziel, und man sollte sich genug Zeit lassen, um die großen und kleinen Wunder entlang der Staubpisten zu entdecken.

Die beste Art, die Gegend zu erkunden, ist die drei selbstgeführten *scenic drives* zu machen. Um dabei so viel wie möglich von der Tierwelt

Auszeit am Barcoo River

zu sehen, sollte man sich am besten früh am Morgen oder spätnachmittags aufmachen und auch öfters mal aus dem Fahrzeug aussteigen.

Der 22 Kilometer lange und mit drei Stunden angesetzte Desert Drive beginnt nördlich vom einzigen Campingplatz am Little Boomerang Waterhole, an der Abzweigung nach Westen. Nach kurzer Fahrt erreicht man das Desert Waterhole, an dem meist eine Vielzahl an Vögeln wie Honigfresser und Kakadus zu finden ist. Der Track bringt einen anschließend in eine rote Sandlandschaft mit stacheligem Spinifexgras, welche trotz ihrer auf den ersten Blick unwirtlichen Bedingungen nur so von Leben zu strotzen scheint – zumindest verraten einem das die zahlreichen Tierspuren im Sand. Der Höhepunkt der Strecke sind die farbigen Sanddünen (die östlichsten Queenslands), von denen aus man nach einer kleinen Wanderung mit einem traumhaften 360-Grad-Blick über die Umgebung belohnt wird.

Auf dem zwölf Kilometer langen River Drive geht es nördlich vom Little Boomerang Waterhole nach Osten entlang des Ufers des Barcoo River, das sich wunderbar zum Beobachten von Pelikanen, Kranichen, Schwar-

zen Schwänen und Sittichen eignet. Auch wenn der Fluss während der Trockenzeit nur aus mehreren *billabongs* besteht, so lässt sich anhand des Treibguts in den Bäumen erkennen, welche beeindruckenden Pegelstände er erreichen kann.

Um die ganze Vielfalt und landschaftliche Schönheit des Welford National Park zu erleben, sollte man den 55 Kilometer langen Mulga Drive im Osten des Parks nicht verpassen. Entlang der Überschwemmungsebene des Barcoo River geht es zu den Mulga Lands, welche von felsigen Abbrüchen und kleinen Schluchten dominiert werden. Nach circa 18 Kilometern bietet sich ein kleiner Abstecher zum Trafalgar Waterhole an, um Vögel am Barcoo River zu beobachten oder im Schatten der Eukalyptusbäume ein Picknick zu genießen. Auf halber Strecke des Mulga Drive kommt man zum Sawyer's Lookout, der eine bezaubernde Aussicht über die Landschaft und die tiefgrün eingefassten Flussarme unter einem bietet. Die Wanderung ist nur wenige hundert Meter lang, und am besten parkt man sein Auto in der Nähe des Schildes, das die Abzweigung zum *lookout* anzeigt. Besonders in der Abenddämmerung sieht man entlang des Pfades hier oft Gelbfuß-Felskängurus.

Vielfarbensittiche zählen zur reichen Vogelwelt des Welford National Park.

Am besten kommt man gut ausgerüstet in den Park und bleibt am Little Boomerang Waterhole über Nacht. Wer seine Angelrute mitgebracht hat kann sein Anglerglück am *billabong* versuchen – und seinen Erfolg in der Stille des Outbacks unter einem unglaublichen Sternenhimmel feiern.

Info

Lage: 65 km nordöstlich von Windorah und 40 km südöstlich von Jundah

Anfahrt:

- Zum nördlichen Eingang kommt man von Jundah aus nach 26 km über die Jundah Quilpie Road. Weitere 19 km später erreicht man rechter Hand die Abzweigung zum Campingplatz und dem River Drive sowie Desert Drive. Bleibt man auf der Hauptstraße, so findet man 500 m später links den Mulga Drive.
- Zum südlichen Eingang kommt man von Windorah und Quilpie aus über die Quilpie Windorah Road. Nach 56 km auf der Hammond Downs Road und 5 km auf der Jundah Quilpie Road erreicht man rechts die Abzweigung zum Mulga Drive und 500 m später links die Straße zum Campingplatz sowie den beiden anderen *scenic drives*. Von Blackall aus nimmt man die Isisford Blackall Road, Isisford Emmet Road, Emmet Yaraka Road und Yaraka Retreat Road bis zur Jundah Quilpie Road, die einen wieder nach 5 km zu den Hauptabzweigungen im Park bringt.

***Achtung*:** Geländewagen und evtl. Extratreibstoff benötigt

Öffnungszeiten: immer (nasses Wetter kann zu temporären Straßensperrungen führen, vor allem von Dezember bis März und selbst noch zwei Wochen nach Regen im Einzugsgebiet des Barcoo River)

Eintritt: nichts

Aktivitäten: Geländewagen fahren, Tierbeobachtungen, Fischen

Unterkunft:

- QPWS *Campingplatz Little Boomerang Waterhole*: sehr einfacher Platz ohne Strom und Wasser, aber mit Toiletten, im Schatten am Barcoo River; 6,55 AUD p. P. (ab 5 J.); Onlinebuchung: www.qld.gov.au/camping ⇨ camping

***Achtung*:** Keine Einkaufsmöglichkeiten im Park, d. h. Besucher müssen alles Nötige wie Essen, Wasser, etc. selbst mitbringen. Mitgebrachter Müll muss wieder mitgenommen werden.

5. Hell Hole Gorge National Park: Auszeit im Outback

Ein Besuch im abgelegenen Hell Hole Gorge National Park bringt einen weit weg von allem und jedem. Unberührt und schroff, und doch Heimat zahlreicher besonderer Tiere, die sich entlang der Wasserlöcher angesiedelt haben, offenbart sich hier eine kleine Oase in der kargen Weite des Outbacks.

Schüler vor der Adavale State School, ca. 1928

Das Krankenhaus von Adavale, ca. 1921

Den Park gibt es bereits seit 1992, doch erst seit 2015 existiert auch eine offizielle Zufahrt von Adavale. Diese war im frühen 20. Jahrhundert eine pulsierende Kleinstadt mit fünf Hotels, zwei Gemischtwarenläden, einem Metzger, einer Apotheke, einer Schule und einem kleinen Krankenhaus. Die Blütezeit lässt sich heute nur noch mit sehr viel Fantasie vorstellen, denn außer dem Kramerladen (der zugleich auch der Pub ist) und ein paar Häusern gibt es hier nicht mehr viel. Und trotzdem sollte man diese Fast-Geisterstadt auf seinem Weg in den Hell Hole Gorge National Park nicht links liegen lassen. Erstens gibt es hier dank dem über 100 Jahre alten Gemeindehaus und einem alten, verwaisten Friedhof mit interessanten Grabinschriften einen Einblick in die Geschichte des Lebens im Outback, und zweitens hat der Pub einen sehr hilfsbereiten Manager, der einen gerne mit nützlichem Kartenmaterial und Broschüren zum Park versorgt.

Je nach Straßenzustand dauert die Fahrt zum Park durch Känguru- und Emuland etwa drei Stunden. Ungefähr fünf Kilometer nach dem Parkeingang findet sich rechter Hand eine Abzweigung zum etwas über einen Kilometer entfernten Spencer Creek und seinen zwei Wasserlöchern, wobei sich eines unterhalb und eines oberhalb der Wasserkaskaden befindet. Wie im ganzen Park gibt es auch hier keine offiziellen Wanderwege, aber wenn man etwas Orientierungssinn hat, kann man wunderbare Spaziergänge entlang des von Eukalyptus und Akazien gesäumten Flusses entweder durch die Schlucht oder auf dem Plateau machen. Hat man das Glück hier im Frühling nach Regen zu sein, dann erwartet einen auf der höher gelegenen Ebene ein wahrer Farbenteppich an Wildblumen auf roter Erde.

Nach Spencer Creek sind es nur noch circa drei Kilometer und eine Flussüberquerung über den Powell Creek bis zum Hell Hole Waterhole, dem Highlight des Parks, an dem auch die einzige offizielle Campingmöglichkeit liegt. Dieses große Wasserloch mit einer kleinen Insel ist umgeben von einem steilen, felsigen Ufer und rauschenden, kleinen Wasserfällen nach Regen. Wie auch im Spencer Creek kann man sich hier erfrischen, allerdings hängt die Wasserqualität stark davon ab, wie lange der letzte Schauer her war.

Überall im Park lohnt es sich, nach der außergewöhnlichen Tierwelt Ausschau zu halten. Scheue Gelbfuß-Felskängurus bewohnen die felsigen Hänge innerhalb der Schluchten, und im Wasser lassen sich

Inka-Kakadu mit prachtvoller Federhaube

manchmal Schildkröten entdecken. Die Bäume entlang der Flüsse sind die Lieblingsplätze für Rotschwanz-Rabenkakadus, die man oft schon von Weitem schreien hört und die ihre knallroten Schwanzfedern nur während des Fluges preisgeben. Mit etwas Glück sieht man auch die zartrosafarbenen Inka-Kakadus mit ihren auffällig quer gebänderten, rot-gelben Federhauben. Kleiner, aber nicht weniger ansehnlich, ist die auf dem Boden lebende Spinifextaube mit ihrem langen Federschopf.

Auch wenn der Hell Hole Gorge National Park so gut wie keine Infrastruktur für Besucher bietet, so ist er doch ideal für schon erfahrenere

Outback-Erkunder und Naturliebhaber, welche die Wasserlöcher, Schluchten und das Plateau auf eigene Faust auskundschaften wollen.

Info

Lage: 60 km nordwestlich von Adavale und 120 km nördlich von Quilpie

Anfahrt: Auf unbefestigten Straßen geht es von Adavale aus auf der Adavale Blackall Road, der Milo Road und der Gooyea Road bis zum Park.

***Achtung*:** Alle Straßen haben weiche Abschnitte, wenn sie trocken sind, und können in nassem Zustand unpassierbar sein. Da man private Rinderfarmen mit freilaufendem Vieh durchquert, sollte man Gatter immer so hinterlassen, wie man sie vorgefunden hat. Aufgrund von Flussüberquerungen wird ein Geländewagen benötigt, und Wohnanhänger dürfen nur mitgebracht werden, wenn sie auch geländegängig sind. Gute Ausrüstung (d. h. genügend Wasser, Essen, Treibstoff, Erste-Hilfe-Set, Autoersatzteile, UHF-Radio und Satellitentelefon) sind essentiell.

Öffnungszeiten: immer

***Achtung*:** Die ideale Reisezeit ist etwas schwer zu bestimmen, da es am besten kürzlich etwas Regen gab, um die Wasserlöcher genießen zu können, aber auch nicht so viel, dass Straßenüberflutungen und -sperrungen einen an der Anfahrt hindern. Im Sommer können Extremtemperaturen von über 45° C erreicht werden und in Winternächten sinkt das Thermometer manchmal unter den Gefrierpunkt. Die Flüsse führen nur periodisch Wasser, wobei Gewitter am häufigsten im Sommer vorkommen.

Eintritt: nichts

Aktivitäten: Wandern, Geländewagen fahren, Tierbeobachtungen, Baden

Unterkunft:

- QPWS Campingplatz *Hell Hole*: sehr einfacher Platz ohne Strom, Wasser, Toiletten und Duschen in der Nähe des großen Wasserlochs; 6,55 AUD p. P. (ab 5 J.); Onlinebuchung: www.qld.gov.au/camping ⇨ camping

***Achtung*:** Keine Einkaufsmöglichkeiten im Park, d. h. Besucher müssen alles Nötige wie Essen, Wasser, etc. selbst mitbringen. Mitgebrachter Müll muss wieder mitgenommen werden.

6. Eromanga: Auf den Spuren von Dinosauriern und Megafauna

Nur ein paar Dutzend Menschen wohnen in dieser kleinen Siedlung mitten im Outback, und doch ist Eromanga in bestimmten Kreisen gleich für drei Sachen weltbekannt: Erstens beansprucht es den Titel als Australiens am weitesten vom Meer entfernte Kleinstadt, zweitens fördert es das meiste Öl auf dem Festland und drittens ist es der Fundort der größten Dinosaurier des Kontinents.

Als der vierzehnjährige Sandy Mackenzie im Jahr 2004 beim Zusammentreiben seiner Schafherde einen seltsam geformten Stein fand, ahnte noch niemand, welche Auswirkungen dieser Fund auf die Paläontologie weltweit haben würde. Er hatte ein Stück von einem Titanosaurier entdeckt, welcher 95 Millionen Jahre alt war und in die Geschichte als „Cooper", der größte bisher entdeckte Dinosaurier Australiens, eingehen würde. Das Fossil gehörte einer Gruppe langhalsiger Pflanzenfresser an, die bis zu 20 Meter groß und 40 Meter lang wurden und bis zu 70 Tonnen wiegen konnten.

Kinder beim Reinigen von Fossilien im Eromanga Natural History Museum

Dass Tiere solcher Größe in der Gegend um Eromanga überleben konnten, ist kaum vorstellbar, wenn man sich heute dort umblickt: trocken, heiß und karg präsentiert sich das Outback hier – Staub und trockene Buschsavanne soweit das Auge reicht. Selbst der Name des Ortes bedeutet „heiße, windige Eben" in der Aboriginesprache. Der einzige Grund warum sich Ende des 19. Jahrhunderts an dieser Stelle eine Siedlung entwickelte, waren die reichen Opalvorkommen. Doch selbst die hielten den Großteil der Glücksritter nicht lange hier.

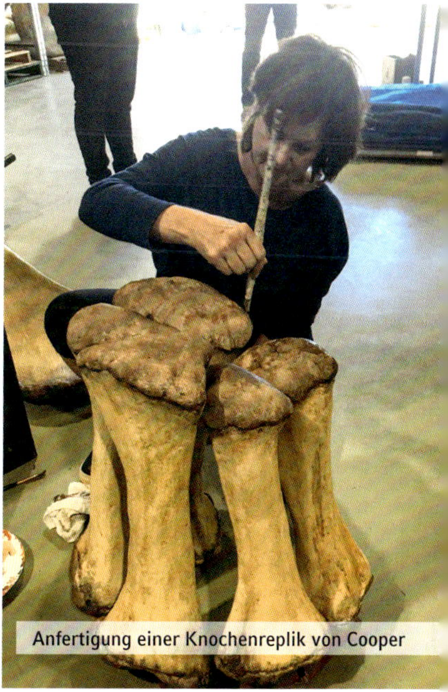
Anfertigung einer Knochenreplik von Cooper

Anders war es, als Australien noch Teil des Urkontinents Gondwana war und hier ganz andere klimatische Bedingungen herrschten. Damals fand man im Zentrum der Landmasse ein gigantisches, flaches Gewässer. In ihm tummelten sich Ammoniten, Riesenaustern, Schildkröten, Fische, Haie sowie riesige fleischfressende Meeresreptilien. Als sich das Gewässer vor 125 Millionen Jahren zurückzog, entwickelte sich eine üppige Vegetation, die Nahrung für diverse Landdinosaurier wie Cooper bot.

Die Funde um Eromanga bestehen jedoch nicht nur aus zahlreichen Dinosaurierskeletten aus der Kreidezeit, sondern auch aus Fossilien einer Megafauna, die sich mit einem Alter von „nur" 50.000 bis 100.000 Jahren erst sehr viel später entwickelte. Zu ihr gehören zum Beispiel das nashorngroße Diprotodon (das größte Beuteltier, das jemals existierte), Reptilien und flugunfähige Vögel. Sie starben erst vor circa 20.000 Jahren aus und lebten somit zu einer Zeit, als die Ureinwohner Australiens bereits den Kontinent besiedelten. Es wird sogar vermutet, dass Zeichner alter Felsenmalereien von diesen Tieren inspiriert wurden und sie in ihren Kunstwerken festhielten.

Zeichnung eines Diprotodons

Nach dem geschichtsträchtigen Fund Mackenzies wurden bis heute mehr als 80 Fundstellen von Dinosauriern und Megafauna in der Gegend um Eromanga herum identifiziert. Anfang 2016 gründete man deshalb das Eromanga Natural History Museum, um die gefundenen Fossilien zu präparieren und auszustellen. Besucher können sich hier auf die Spuren von Urzeitlebewesen in allen Größen begeben – sogar aktiv, wenn sie möchten. Neben interessanten, geführten Touren durch das Museum bietet sich nämlich die Möglich-

Grabungsbesichtigung auf einer „Dinosaur Dig Tour"

keit, sowohl einen Tag lang selbst unter Anleitung von Experten Fossilien von Schmutz und Steinen zu befreien als auch bei Grabungen auf Privatland zuzuschauen. Wer länger Zeit hat und gerne im Staub und Dreck gräbt, hat sogar die Chance, fünf Tage zusammen mit Paläontologen und Geologen Hand anzulegen.

Info

Lage: 100 km westlich von Quilpie

Anfahrt: Von Quilpie aus kommt man über die durchgehend geteerte Cooper Developmental Road direkt ins Zentrum von Eromanga. Von dort sind es noch 3 km auf der Mount Margaret Road in den Süden bis zum Dinosaur Drive, der zum *Eromanga Natural History Museum* führt.

Öffnungszeiten / Eintritt :

- *Eromanga Natural History Museum*: nur für Spezialprogramme oder geführte Museumstouren von März–Oktober geöffnet (es empfiehlt sich, vor einem Besuch noch einmal die Webseite zu aktuellen Öffnungszeiten zu konsultieren und im Voraus zu buchen); 1-stündige Museumstour Australian Dinosaur Giants Tour 30/15 AUD Erwachsener/Kind 5–12 J. täglich um 9, 11, 13 und 15 Uhr, 1-tägige Dinosaur oder Megafauna Discovery Experience 90 AUD (ab 18 J.) täglich um 9 Uhr, 1-tägige Dinosaur Dig Tagalong Tour 180/50 AUD Erwachsener/Kind 5–12 J. (mind. 4 Teilnehmer, Termine s. Webseite), 1-tägige Dinosaur Dig Escorted Tour 195 AUD (mind. 3 Teilnehmer, ab 18 J., Termine s. Webseite), 5 Tage Digging Up Dinosaurs/Megafauna 2500 AUD (ab 18 J., Termine s. Webseite); 1 Dinosaur Drive, Eromanga; www.enhm.com.au; Tel.: +61 7 4656 3084

Aktivitäten: Museumsbesuch, Ausgrabungsstättenbesichtigung, Fossiliengrabungen, Fossilienpräparation

Unterkünfte:

- *Cooper's Country Lodge*: einfache Unterkünfte auf dem Museumsgrundstück; Zimmer ab 145 AUD; 1 Dinosaur Drive, Eromanga; www.enhm.com.au; Tel.: +61 7 4656 3084
- *Eromanga Motel/Café & Caravan Park*: Campingplatz und simple Motelzimmer; Camping ab 10 AUD und Zimmer ab 150 AUD; Webber Street, Eromanga; reservations@eromanga188.com; Tel.: +61 7 4656 3276

7. Quilpie: Auf der Suche nach versteinerten Regenbögen

Mitten im Nirgendwo des Outbacks wurde im Jahr 1869 ein Edelstein gefunden, der auch heute noch Glücksritter anlockt. Selbst Besucher dürfen hier nach Boulder-Opalen suchen und ein eventuell selbst gefundenes Schmuckstück als Andenken mit nach Hause nehmen.

Die Bezeichnung des Edelsteins lässt sich darauf zurückführen, dass Boulder-Opale im Gegensatz zu anderen Opalen mit einem (meist dunklen) Muttergestein verschmolzen sind. Dieses bleibt beim Schleifen in Teilen erhalten und kreiert einen oft interessanten Kontrast mit den farbigen Einlagerungen. Gestein, das Boulder-Opale beinhaltet, ist typischerweise länglich oder ellipsenförmig und kann bis zu drei Meter lang und einen Meter dick sein, wobei die meisten Funde jedoch nur we-

Aussicht vom Baldy Top Lookout

nige Zentimeter groß sind. Ob dann tatsächlich ein Opal darin ist, lässt sich nur durch gewaltsames Zerbrechen des Steins oder vorsichtiges Abschlagen des äußeren Mantels feststellen. Letztere Methode erlaubt zwar dem späteren Schleifer mehr Spielraum bei der Gestaltung des Schmuckstücks, doch ist sie deutlich aufwendiger, birgt die Gefahr, dass man den Opal übersieht, und macht auch weniger Spaß. Für welche man sich entscheidet hängt von den persönlichen Vorlieben ab, da es kein richtig oder falsch gibt.

Die Entstehung von Opalen begann vor Jahrmillionen, als dieser heute so trockene Teil Australiens von einem riesigen Inlandsgewässer namens Eromanga Sea bedeckt war. Durch Verwitterung wurde im Laufe der Zeit aus dem Meeresschlamm mit seinen verwesenden Kleinstlebewesen Kieselsäure freigesetzt, die sich in wasserundurchlässigen Gesteinsspalten ablagerte und verfestigte, was letztendlich zur Bildung von Opalen führte. Bei manchen kann man anhand der Struktur oder Form sogar noch erkennen, welch organisches Material (z. B. Knochen, Muscheln oder Holz) den opalisierten Hohlraum schuf.

Opale sind die einzigen Edelsteine, die auf natürliche Weise alle Farben des Regenbogens abbilden können, wobei Rot am wertvollsten ist. Meist sind sie allerdings kunterbunt, und je nach Blickwinkel ändern sie ihr Erscheinungsbild. Jeder Opal ist durch seine Farbe, seinen Schliff, die Stärke der Reflexion und das Muster einzigartig wie ein Fingerabdruck – was auch seinen Wert sehr subjektiv macht.

Quilpie – Heimat des Boulder-Opals

Die Gegend um die gerade einmal etwas über 500 Leute zählenden Siedlung Quilpie ist der weltweit größte Produzent von Boulder-Opalen, die gerade einmal zwei Prozent der insgesamt in Australien geförderten Opalmenge ausmachen. Nur zwei Kilometer im Westen des Städtchens findet sich die offizielle *fossicking area*, auf der man einfach so ohne spezielle Lizenz herumschlendern und nach Opalen suchen darf – ein Heidenspaß für Jung und Alt. Die Gemeinde lässt hier regelmäßig den Abraum von einer Mine anliefern, der teilweise richtige Überraschungen enthält. Am besten bringt man einen kleinen Hammer mit, und schon kann man loslegen.

Hat man tatsächlich Glück gehabt, kann man seinen Fund zu einem der zahlreichen Geschäfte im Ort bringen und ihn dort schleifen lassen. Je nach Größe kann man so einen Ring, ein hübsches Paar Ohrringe oder einen Anhänger mit Geschichte nach Hause bringen. Doch auch wenn die Suche nicht von Erfolg gekrönt war, macht ein Besuch dort Spaß, weil man den Schleifern bei ihrer Arbeit oft über die Schulter schauen kann. Und vielleicht findet sich unter den Schmuckstücken in der Auslage ja doch noch ein Juwel, das man als Andenken kaufen möchte. Ansonsten lohnt sich auch noch ein Abstecher in die St. Finbarr's-Kirche im Ort, die einen Altar aus Boulder-Opalen bietet.

Info

Lage: 100 östlich von Eromanga und 200 km westlich von Charleville

Anfahrt: Entlang der Diamantina Developmental Road nach Westen findet sich 900 m nach der Flughafen-Abzweigung auf der linken Seite die öffentliche *fossicking area* von Quilpie.

Öffnungszeiten: immer

Eintritt: nichts

Aktivitäten: Opalsuche

Unterkünfte:

- *Channel Country Tourist Park & Spas*: kleiner Campingplatz mit artesischen Whirlpools direkt in Quilpie; Camping ab 22 AUD und Hütte ab 115 AUD; 21 Chipu Street, Quilpie; www.channelcountry touristpark.com; Tel.: +61 7 4656 2087
- *Quilpie Heritage Inn*: renoviertes Hotel von 1926 mit breitem Balkon an der Hauptstraße von Quilpie; Zimmer ab 65/114 AUD (mit/ohne eigenem Badezimmer); 36-38 Brolga Street, Quilpie; www.quilpie heritageinn.com; Tel.: +61 7 4656 1427

Central Highlands und Capricorn Coast

8. Sapphire Gemfields: Edelsteinsuche im Outback
9. Mount Etna Caves National Park und Capricorn Caves: Höhlenabenteuer für Unerschrockene
10. Blackdown Tableland National Park: Willkommene Abkühlung in luftiger Höhe
11. Minerva Hills National Park: Raststopp mit Aussicht
12. Cania Gorge National Park: Höhlenkunst à la Mutter Natur
13. Salvator Rosa Section (Carnarvon National Park): Eine Landschaft wie gemalt
14. Mount Moffatt Section (Carnarvon National Park): Auf dem Dach Queenslands
15. Carnarvon Gorge Section (Carnarvon National Park): Erfrischend grünes Schluchtenabenteuer

Blick vom Boolimba Bluff in der Carnarvon Gorge Section des Carnarvon National Park

Mackay
Korallenmeer
9. Mount Etna und Capricorn Caves
8. Sapphire Gemfields
Emerald
10. Blackdown Tableland National Park
11. Minerva Hills National Park
12. Cania Gorge National Park
13. Salvator Rosa Section
14. Mount Moffatt Section
Carnarvon National Park
15. Carnarvon Gorge Section
Redford
Brovinia

8. Sapphire Gemfields: Edelsteinsuche im Outback

Mit einer Fläche von fast 900 Quadratkilometern zählen die Sapphire Gemfields von Queensland zu den weltgrößten Saphirfeldern. Die reichen Edelsteinvorkommen hier wurden das erste Mal 1875 von einem Landvermesser der Eisenbahn entdeckt, und auch heute noch finden sich zahllose Saphire, Diamanten und Zirkone in der Erde.

Ausgerüstet mit Hacke, Schaufel und Sieb kann man nach eigenen Saphiren schürfen.

Kein Wunder also, dass sich in der Gegend alles um die bunten Steine dreht, und fast jeder Einwohner seinen eigenen kleinen Claim hat. Unter Kennern sind die Gemfields so bekannt, dass das kleine Dorf Anakie mit seinen 700 Einwohnern sogar jedes Jahr in der zweiten Augustwoche Australiens führende Edelsteinausstellung veranstaltet. Das viertägige Gemfest mit Livemusik und zahlreichen anderen Angeboten lockt tausende Menschen an, und wenn man bis dahin vom Edelsteinfieber verschont wurde, ist man spätestens dann infiziert.

Erfreulicherweise hat man in den Sapphire Gemfields sogar als kurzzeitiger Besucher zahlreiche Möglichkeiten, selbst Hand anzulegen und nach Edelsteinen zu suchen. Für Hobbysucher und Touristen wurden nämlich extra sogenannte *fossicking areas* deklariert, und mit einer leicht zu bekommenden Lizenz darf sich hier jeder versuchen.

Gut für Anfänger eignen sich Gegenden mit flachen Edelsteinvorkommen wie Big Bessie, Graves Hill, Tomahawk Creek, Glenalva und Willows. Letztere ist besonders erfolgversprechend, da hier nie kommerziell abgebaut wurde und bereits einige weltbekannte, große Saphire gefunden wurden. Alle *fossicking areas* haben gemein, dass man meist nicht tiefer als 50 Zentimeter graben muss, um auf die Ertrag versprechende Steinschicht zu kommen. Die benötigten Utensilien kann man sich in einem der Hauptorte wie Anakie, Rubyvale, Sapphire oder Willows Gemfields entweder leihen oder direkt kaufen.

Ungeschliffener Saphierfund

Am besten sucht man sich einen Claim, der noch nicht bearbeitet wurde, und fängt dann mit der Hacke an zu graben. Den Abraum schüttet man in zwei übereinander gestapelte Siebe mit verschiedenen Korngrößen (das gröbere oben), um Dreck, Staub und zu große Steine auszusortieren. Und dann ist gutes Auge gefragt. Die ungeschliffenen Edelsteine sind nämlich oft so verschmutzt, dass man sie kaum von normalen Steinen unterscheiden kann. Es ist also hilfreich ein Schälchen Wasser neben sich zu haben, um vielversprechende Steine abzuwaschen und gleich feststellen zu können, ob man etwas gefunden hat, das sich lohnt zu behalten. Nicht unterschätzen sollte man die Hitze, Trockenheit und den Staub, der mit dieser Aktivität einhergeht, weshalb oft ein Tag für dieses Erlebnis ausreicht. Doch wenn man dann seinen ersten kleinen Edelstein gefunden hat, weiß man, dass es die Mühen wert war.

Die gängigsten Farben in der Gegend sind blau, grün und gelb, wobei Letztere am wertvollsten sind. Ebenso kommen Farbmischungen vor und sogenannte Sternsaphire, die bronzefarben oder schwarz erscheinen, und nach dem Schliff einen sternenförmigen Schimmer entwickeln. Am besten bringt man seinen Fund zu einem der unzähligen, ortsansässigen Schleifer, die das meiste aus den Steinen herausholen.

Wem sich dies nach zu viel Arbeit anhört, der kann entweder direkt nach Regen *specking* gehen (an der Oberfläche nach glänzend gewaschenen Edelsteinen suchen), eine Minentour im Untergrund machen, einen gekauften Eimer mit *wash* (Abraum) nach Edelsteinen durchsuchen oder ganz bequem in einem der zahlreichen kleinen Geschäfte einkaufen gehen.

Geschliffene Tagesausbeute im Größenvergleich mit einer 5-Cent-Münze

Saphire suchen ist eine staubige Angelegenheit.

Info

Lage: 45-65 km westlich von Emerald

Anfahrt:

- *Big Bessie*: In Sapphire nimmt man die Rifle Range Road und erreicht nach 2 km die *fossicking area*.
- *Graves Hill*: 2 km südlich von Sapphire führt die ungeteerte, aber für normale Autos geeignete Graves Hill Road nach 4 km zum ausgeschriebenen Eingang.
- *Tomahawk Creek*: Von Rubyvale aus nimmt man die nicht asphaltierte, aber meist mit allen Autos befahrbare Clermont Road 27 km lang bis zur Abzweigung zu den Reklaw Park/Mount Mica Homesteads. Hier biegt man zweimal direkt hintereinander nach links ab auf den Reklaw Park Track und erreicht nach 17 km den beschilderten Eingang.
- *Glenalva*: 20 km westlich von der Abzweigung nach Anakie am Capricorn Highway führt die Southernwood Road nach kurzer Zeit in die eingezäunte *fossicking area*.

- *Willows*: 27 km westlich von Anakie auf dem Capricorn Highway nimmt man die Willows Road 10 km ins Zentrum der designierten Schürfgegend.

Öffnungszeiten: immer

Eintritt: 8,30/11,95 AUD p.P./pro Familie für eine 1-monatige *fossicking licence*, die man online (www.qld.gov.au/recreation/activities/fossicking/licences-permits/purchase) oder bei folgenden Campingplätzen erwerben kann: *Blue Gem Caravan Park*: 925 Anakie Sapphire Road, Sapphire; *Gem-Air Caravan Park*: 2 Village Road, Willows; *Willows Gemfields Caravan Park*: 30 Willows Road, Willows

Aktivitäten: Saphirsuche

- *Miners Heritage*: Saphirmine unter Tage; 40 min Touren täglich um 9:15, 10:15, 11:15, 13:15 und 14:15 Uhr für 20/10/5 AUD Erwachsener/Kind 13–17 J./Kind 5–12 J. und 10 l Eimer mit *wash* für 20 AUD; 97 Heritage Road, Rubyvale; www.minersheritage.com.au; Tel.: +61 7 4985 4444
- *Pat's Gems Tourist Fossicking Park*: Café, in dem man auch Eimer mit *wash* für 12 AUD kaufen kann; täglich von 8:30–16 Uhr geöffnet; 1056 Rubyvale Road, Sapphire; Tel.: +61 7 4985 4544
- *Gemfest*: Donnerstag–Sonntag des 2. Augustwochenendes; Tickets 12/2 AUD Erwachsener/Kind 12–16 J. pro Tag oder 25 AUD für alle 4 Tage; Allan King Memorial Park, Anakie; www.gemfest.com.au; Tel.: +61 7 4985 4375

Unterkünfte:

- Camping in den *fossicking areas*: in allen oben genannten offiziellen Schürfgründen außer Willows darf man mit einer *fossicking licence* unter einfachsten Umständen (kein Wasser oder Toiletten) übernachten; 4 AUD pro Person oder Familie; erwerbbar in allen Geschäften, die Schürflizenzen verkaufen, oder online: www.qld.gov.au/recreation/activities/areas-facilities/fossicking/licences-permits/camping
- *Sapphire Caravan Park*: ruhig im Buschland am Rande von Sapphire gelegen; Camping ab 27 AUD und Hütte ab 80 AUD; 57 Sunrise Road, Sapphire; www.sapphirecaravanpark.com.au; Tel.: +61 7 4985 4281
- *Gem Air Village Caravan Park*: in einer kleinen Siedlung inmitten der *fossicking area* gelegen; Camping ab 22 AUD und Hütte ab 80 AUD; 2 Village Road, Willows Gemfields; www.gemairvillage.com; Tel.: +61 7 4985 5124

9. Mount Etna Caves National Park und Capricorn Caves: Höhlenabenteuer für Unerschrockene

Bereits seit Ende des 19. Jahrhunderts ist dieses umfangreiche Höhlensystem neben dem Bruce Highway bekannt, und doch fahren immer noch viele nichts ahnend an ihm vorbei. Dabei kann man sowohl auf eigene Faust im Mount Etna Caves National Park als auch auf geführten Touren in den privaten Capricorn Caves nebenan auf Entdeckungsreise gehen.

Blick auf die Karstlandschaft bei den Capricorn Caves

Auch wenn man es sich heute kaum mehr vorstellen kann, so war doch vor 400 Millionen Jahren die Gegend um die Ortschaft The Caves nördlich von Rockhampton Teil eines flachen Meeres. Aus dem ehemaligen Riff wurde Kalkstein, und als sich das Meerwasser zurückzog und das Gestein Regen ausgesetzt war, löste sich der Kalzit und es formten sich unzählige Hohlräume.

In den ganzjährig warmen Höhlen (16/24 Grad Celsius Winter/Sommer) siedelten sich Fledermäuse an, die so zahlreich waren, dass es sich Anfang des 20. Jahrhunderts lohnte, den Guano zu ernten und zu verkaufen. Ab 1925 baute man dann auch der Kalkstein selbst ab, und erst nach einem langen Ringen zwischen Bergarbeitern und Naturschützern wurde 1975 ein Großteil der Gegend zum Mount Etna Caves National Park.

Zwei Wanderwege gibt es im Park, wobei der 600 Meter lange Cammoo Circuit durch trockenen Regenwald und faszinierende Karstlandschaft führt und der zweieinhalb Kilometer lange Mount Etna Walk einen großartigen Ausblick über Limestone Ridge und den alten Pilkington-Steinbruch bietet. Von November bis Februar ist Letzterer für selbstgeführte Touren gesperrt, um die Fledermäuse während ihrer Brutzeit nicht zu stören. Stattdessen kann man zu dieser Zeit an einer rangergeführten Wanderung teilnehmen, die einen zum Bat Cleft führt, aus dem allabendlich zehntausende Fledermäuse auf Futtersuche ausschwärmen. Mit etwas Glück sieht man dabei sogar Pythons, die sich einen Fledermaus-Snack schnappen.

Um das Höhlensystem des Parks auf eigene Faust zu erkunden, kann man mit einer gesunden Prise Neugier entlang der Wanderwege nach Löchern in den Felsen Ausschau halten, die manchmal gut versteckt sind. Dabei sollte man starke Taschenlampen bei sich haben und extrem vorsichtig sein sowie gesperrte Bereiche nicht betreten. Offiziell zugänglich ist die leicht zu erkundende Chandaleir Cave bei der Cammoo Day Use Area, für die man allerdings einen Schlüssel von den Rangern braucht. Und von Februar bis Mai darf man zusätzlich die sich weit in den Berg ausbreitende Johannsen's Cave betreten, welche im Zweiten Weltkrieg als Munitionslager und Militärtrainingsgelände benutzt wurde.

Eingang zur Colosseum Cave auf der Fossil Tour

Weg in die Cathedral Cave

Wer lieber geführt in Höhlen unterwegs ist, sollte sich zu den nahegelegenen, privaten Capricorn Caves begeben. Hier wird eine große Auswahl an Touren angeboten, von denen die beliebteste die Cathedral Cave Tour ist. Dabei geht man auf komfortablen Wegen durch mehrere gut ausgeleuchtete Höhlen, wobei das unangefochtene Highlight die Cathedral Cave selbst ist. Deren Akustik ist so besonders, dass hier an

Info

Lage: 20 km nördlich von Rockhampton

Anfahrt: Vom Bruce Highway fährt man 14 km nördlich von Rockhampton bei The Caves auf die Rossmoya Road, die nach 2,2 km zum 200 m entfernten Parkplatz und Ausgangspunkt für den Mount Etna Walk führt. 600 m weiter nördlich ist neben der Rossmoya Road der Parkplatz für die Johannsen's Cave, welche man nach 400 m Fußweg auf der Johnssons Cave Road erreicht. Verlässt man die Rossmoya Road bereits nach den allerersten 300 m im Ort nach rechts auf die Barmoya Road und biegt nach 1,3 km nach links auf die Cammoo Caves Road ab, erreicht man nach 1,1 km die Cammoo Day Use Area und den Beginn des Cammoo Circuits. Zu den Capricorn Caves gelangt man nach 3,3 km auf der Barmoya Road und 500 m auf der Olsens Cave Road.

ausgewählten Terminen sogar Opernkonzerte stattfinden. Wer es gerne etwas privater hat, der sollte die Fossil Tour oder die Geo Tour buchen, bei denen man mit höchstens neun anderen Besuchern mehr über die Geschichte der Höhlen nach dem ausgewählten Fokus lernt und auch zu sehen bekommt. Kleine und große Abenteurer sollten unbedingt eine Adventure Caving Tour wählen, die einen teilweise auf Händen und Knien durch Höhlen, Tunnel, und Schäfte führt. Und wem das zu eng ist, dem bleibt noch eine Abseiling Tour – allerdings sollte man hier bei bis zu 30 Metern Höhenunterschied keine Höhenangst haben.

Öffnungszeiten: immer (Capricorn Caves: Montag–Freitag 8–18 Uhr, Samstag und Sonntag erst ab 8:30 Uhr)

Eintritt: nichts (außer Bat Cleft Tour und Capricorn Caves, s.u.)

Aktivitäten: Wandern, Höhlenerkundung

- *Chandaleir Cave*: kostenlose, abgesperrte, alte Touristenhöhle; Schlüssel kann nach vorheriger Absprache bei der Rangerstation in Rockhampton abgeholt werden (wochentags 7:30–17 Uhr; 61 Yeppoon Road, Rockhampton; Tel.: +61 7 4936 0570)
- *Bat Cleft Tour*: von Dezember bis Mitte Februar jeden Montag, Freitag und Samstag Abend zehntausende Fledermäuse beim Ausschwärmen beobachten, Treffpunkt ist in The Caves und wird bei Buchung bekannt gegeben; max. 10 Personen; 11,40/5,55 AUD Erwachsener/Kind ab; Tel.: +61 7 4936 0570
- *Capricorn Caves*: verschiedene geführte Höhlentouren auf Privatgelände: The Cathedral Cave Tour (1 h) stündlich von 9–16 Uhr, 32,50/16 AUD; Fossil Tour (1 h) 3-mal täglich um 10:15, 12:15 und 14:15 Uhr, 32,50/16 AUD; Geo Tour und Adventure Caving (beide 2 h, ab 16 J.) auf Anfrage, 80/90 AUD; Family Adventure Caving (2 h) auf Anfrage, 40/30 AUD Erwachsener/Kind 5-15 J.; Abseiling (1–2 h, ab 12 J.) auf Anfrage, 90 AUD; 30 Olsens Caves Road, The Caves; www.capricorncaves.com.au; Tel.: +61 7 4934 2883

Unterkünfte:

- *Capricorn Caves*: einfache Unterkünfte direkt beim privaten Höhlensystem; Camping ab 35 AUD und Hütte ab 150 AUD; 30 Olsens Caves Road, The Caves; www.capricorncaves.com.au; Tel.: +61 7 4934 2883

***Achtung*:** Bei der Höhlenerkundung sollte man geschlossene Schuhe tragen und zum Schutz des Kalksteins die Wände nicht berühren.

10. Blackdown Tableland National Park: Willkommene Abkühlung in luftiger Höhe

Wie aus dem Nichts erhebt sich der Tafelberg mit seinen steilen Kliffflanken aus der trockenen Ebene. Spektakuläre Sandsteinformationen wechseln sich mit Schluchten und Wasserfällen ab, und neben der Höhenlage bieten auch einige natürliche, kunstvoll geschliffene Felsenbecken eine Abkühlung von der Hitze der Umgebung.

Blackdown Tableland in der Abenddämmerung

Als erster Stopp im Park bietet sich Yaddamen Dhina an, eine fast direkt neben der Straße liegende Aussichtsplattform mit atemberaubendem Blick über die Ebene, 500 Meter unterhalb des Lookouts. Knappe zwei Kilometer weiter erreicht man zu Fuß Goodela, wobei man auf dem Weg dorthin die sich langsam ändernde Vegetation beachten sollte, die sich von trockenem Eukalyptuswald zu Farnen und Moosen entlang des Baches ändert, der dann als Two Mile Falls in die Tiefe stürzt.

Um weiter in den Park vorzudringen, geht es über eine unasphaltierte Straße zur Munall Camping Area, in deren Nähe der Mimosa Creek kunstvoll runde Felsenbecken geformt hat, die zum Baden einladen. Kakadus und Eisvögel huschen von Baum zu Baum und perfekt getarnte Echsen und Warane sonnen sich auf den Felsen in der Sonne. Vom Campingplatz aus starten auch zwei Wanderungen, von denen der 45-minütige Spaziergang auf der gegenüberliegenden Straßenseite zu Mook Mook und zurück zu einem weiteren Lookout an die Kante des Tafelbergs führt, und man einen beeindruckenden Blick über die Steilwände bekommt. Der zweieinhalb Kilometer lange Goon Goon Dhina-Rundwanderweg geht durch alte Überreste eines ehemaligen Rindergeheges und entlang des Flusses zu einer Felskunststätte, und nebenbei kann man auf informativen Schildern nachlesen, wie die Ureinwohner hier Pflanzen als Nahrung und zum Schutz nutzten.

Felskunst am Goon Goon Dhina-Rundwanderweg

Das unbestrittene Highlight des Blackdown Tableland ist das große Felsenbecken von Rainbow Waters (Gudda Gumoo in der Sprache der Aborigines) am Ende der Charlevue Road. Die Aussichtsplattform erreicht man nach knappen zwei Kilometern, doch wer in das kristallklare Wasser des Mimosa Creek in der Schlucht unter dem saisonalen Wasserfall eintauchen möchte, muss weitere 240 Stufen in die Tiefe steigen – und natürlich später auf dem Rückweg wieder hinauf. Dafür wird man mit einer traumhaften Oase belohnt, die umgeben von Farnen und voll bunter Vögel einen idealen Platz zum Ausruhen und Genießen bietet.

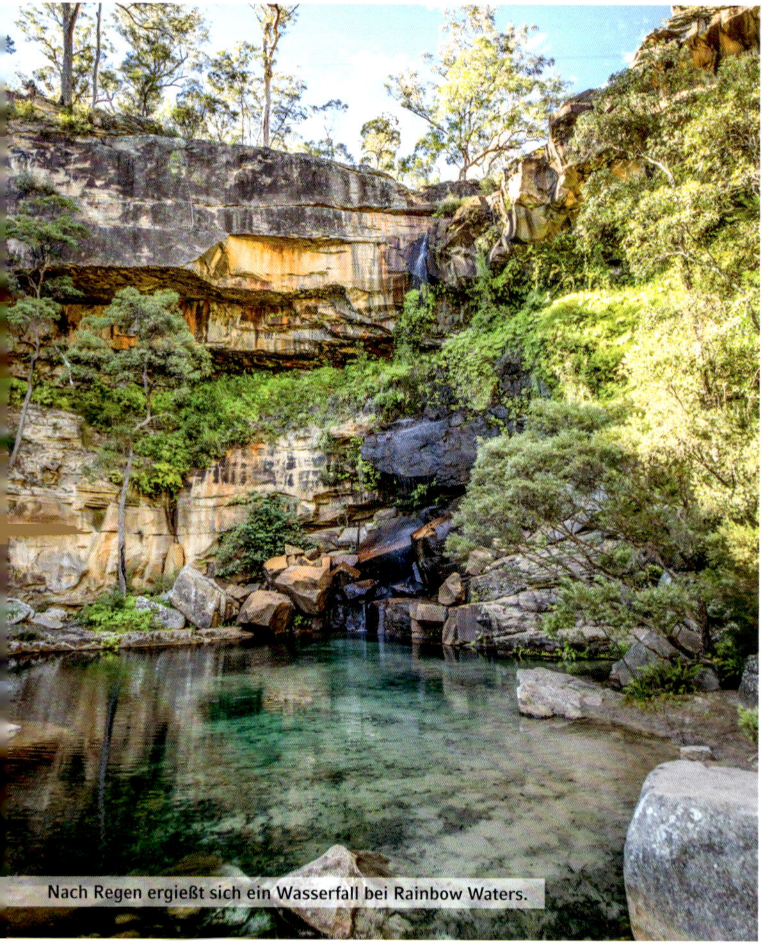

Nach Regen ergießt sich ein Wasserfall bei Rainbow Waters.

Ist man mit dem Geländewagen unterwegs, bietet es sich an, statt auf der gleichen Straße zurückzufahren, die in nur eine Richtung befahrbare Loop Road zu nehmen. Für die 19 Kilometer lange Piste sollte man sich genug Zeit nehmen, und bei Mitha Boongulla lohnt sich ein Stopp für die Aussicht, bevor es dann nach einigen Kilometern wieder auf die Hauptstraße und zurück ins Tal geht.

Info

Lage: 30 km südöstlich von Blackwater und 150 km südwestlich von Rockhampton

Anfahrt: 35 km östlich von Blackwater bzw. 12 km westlich von Dingo nimmt man vom Capricorn Highway die Charlevue Road nach Süden, die einen nach 23 km zu Yaddamen Dhina bringt. Die weiteren 15 km bis zum Parkplatz von Gudda Gumoo sind ungeteert, doch mit einem normalen Auto befahrbar.

Achtung: Die letzten 6 km bis zu Yaddamen Dhina sind kurvig und steil, weshalb man keine schweren Wohnanhänger haben darf. Die Loop Road im Park erfordert einen Geländewagen.

Öffnungszeiten: immer

Eintritt: nichts

Aktivitäten: Geländewagen fahren, Wandern, Tierbeobachtungen, Baden

Unterkünfte:
- QPWS Campingplatz *Munall*: sehr einfacher Platz mit Toiletten und Picknicktischen im lichten Wald des Parks; 6,55 AUD p. P. (ab 5 J.); Onlinebuchung: www.qld.gov.au/camping ⇨ camping
- *Dingo Van & Motorhome Park*: einfacher Campingplatz im kleinen Ort Dingo; Camping ab 15 AUD; 26 Cairns Street, Dingo; Tel.: +61 7 4935 9121

Das Felsenbecken von Rainbow Waters

11. Minerva Hills National Park: Raststopp mit Aussicht

Klein, aber fein präsentiert sich dieser Park, in dem man zum Beispiel auf dem Weg zur Salvator Rosa Section des Carnarvon National Park Rast machen kann. Eindrucksvoll zerklüftete und von lichten Wäldern bedeckte Gipfel erheben sich über weite, trockene Grasflächen. Und wer genau hinsieht, entdeckt von einem der wunderbaren Aussichtspunkte vielleicht sogar die Jungfrau Maria.

Schon für den Dendle Drive in den Park hinein sollte man sich Zeit lassen, da er sich herrlich durch eine Landschaft mit Hügeln und Tälern schlängelt und einen langsam höher und höher in eine Graslandschaft voll Spinifex und lose verteilter Akazien bringt. Insgesamt drei Aussichtspunkte kann man im Park besuchen, wobei sich der erste bereits zweieinhalb Kilometer nach dem Parkeingang und einem einen Kilometer langen Abstecher nach rechts befindet. Wie der Name verspricht, sieht man von diesem Springsure Lookout den gleichnamigen Ort im Tal. Ebenso bequem erreichbar ist der Eclipse Gap Lookout am Ende des Dendle Drive, der den Blick auf Dillies Knob freigibt, eine Basaltsäule, die an die vulkanische Vergangenheit dieser Landschaft erinnert.

Zufahrtsstraße zum Minerva Hills National Park

Wer sich allerdings die Beine vertreten möchte, sollte die knapp zwei Kilometer zu den ebenfalls vom Straßenende erreichbaren Skyline Lookouts machen. Der nördlichere der beiden blickt über das weite Farmland der Umgebung, der südlichere erlaubt die Sicht auf Springsure und den Virgin Rock des Mount Zamia, eine kleine, lokale Berühmtheit. Wer nämlich genau hinschaut, der kann im Felsen Muster erkennen, die an die Jungfrau Maria mit dem kleinen Jesuskind erinnern. Im Laufe der letzten Jahre wurden sie etwas schwächer, doch wer tagsüber kein Glück hat, kann es auch nachts noch vom Lions Park aus probieren, welcher zwei Kilometer nördlich von Springsure links vom Gregory Highway liegt. Zu dieser Zeit wird nämlich die Steilwand angestrahlt, und Schatten helfen bei der Identifizierung des Bildes.

Eine ganz andere Seite präsentiert der Minerva Hills National Park bei Fred's Gorge Lookout auf dem Rückweg von der Straße zu den Skyline Lookouts. Hier sieht man nach Regen von der Kliffkante aus einen traumhaften Bach, der sich in die Tiefe ergießt. Das Tal, durch das er dann fließt, beherbergt wie so viele der engen Seitentäler des Parks trockenen Regenwald, der wie eine kleine Oase erscheint. Wer diese Aussicht länger genießen möchte und etwas zum Brutzeln dabei hat, kann sich an den öffentlichen Barbecues etwas zum Essen zubereiten und es dann in der *picnic area* verspeisen.

Um neben den häufig vertretenen Kängurus, Wallaroos und Wallabys sowie verschiedensten Vögeln auch noch ein ganz besonderes Exemplar der australischen Tierwelt zu sehen, den Koala, kann sich ein Abstecher zur Norwood Creek Picnic Area lohnen. Den Park verlassend, erreicht man die ein Kilometer lange Zubringerpiste zu diesem Platz ungefähr zwei Kilometern nach Fred's Gorge Lookout. Die größten Chancen, die grauen Fellknäuel zu sehen hat man, wenn man die Astgabeln der großen Eukalyptusbäume hier absucht, da sie sich dort gerne ausruhen.

Info

Lage: 1 km nordwestlich von Springsure und 60 km südlich von Emerald

Anfahrt: Von Springsure aus nimmt man die Dawson Developmental Road für 3,5 km und biegt dann nach rechts auf den ungeteerten Dendle Drive ab, welcher einen direkt in den Park bringt.

Achtung: Geländewagen benötigt und nicht geeignet für Wohnwagen.

Öffnungszeiten: immer

Eintritt: nichts

Aktivitäten: Wandern, Tierbeobachtungen

Unterkunft:

- *Zamia Motel*: modernes Motel im Zentrum von Springsure; Zimmer ab 85 AUD; 27 Charles Street, Springsure; www.zamiamotel.com.au; Tel.: +61 7 4984 1455

Achtung: Mitgebrachter Müll muss wieder mitgenommen werden.

12. Cania Gorge National Park: Höhlenkunst à la Mutter Natur

Der küstennaheste Park, in dem man die typischen Sandsteinlandschaften von Zentralqueensland bewundern kann, bietet interessante Höhlen, Goldgräbervergangenheit und eine einzigartige Landschaft, die das ganze Jahr über extremen Temperaturschwankungen zwischen Tag und Nacht ausgesetzt ist.

Typische Vegetation des Cania Gorge National Park

Der Ausgangspunkt für die meisten der acht offiziellen Wanderungen ist die *picnic area* im Süden des Parks. Die kürzeste, ein 300 Meter langer Rundwanderweg, führt am Three Moon Creek entlang, mit Blick auf die hohen Sandsteinklippen. Besonders nach Regen lohnt sich der zwanzigminütige Spaziergang zum Dripping Rock, da man dort dann tatsächlich Wasser vom Felsen tropfen sieht und Chöre von Fröschen entlang der Bäche hört. Entlang des gleichen Weges erreicht man 500 Meter später The Overhang, wo man farbigen Sandstein sehen kann, der durch Verwitterung und Erosion ausgehöhlt wurde. Wer gerne richtige Höhlen erkundet, sollte nicht die circa halbstündige Wanderung zur Dragon Cave und Bloodwood Cave verpassen. Entweder beginnt man direkt an der *picnic area* oder man biegt auf dem Rückweg vom Dripping Rock 400 Meter vor dem Ende nach links ab, wo eine Brücke über den Russell Gully führt. Ein etwas steiler Weg führt zu den Klippen, wo der Abstecher nach Norden zur Dragon Cave und der nach Süden zur Bloodwood Cave geht. In der ersten Höhle sieht man ein natürliches, dunkles Wandbild auf hellem Sandstein, das an einen Drachen erinnert, während sich die zweite, recht flache Höhle hinter einem Bloodwood-Eukalyptusbaum befindet. Wer Erfahrung im *bush walking* und mit teilweise überwucherten Wegen hat, kann sich auf die anstrengende, 22 Kilometer lange Wanderung zum Castle Mountain und zurück machen, sollte jedoch gut vorbereitet sein.

Rast bei The Overhang

Gegenüber der *picnic area*, auf der anderen Straßenseite, beginnt der 45-minütige Two Storey Cave Circuit, der einen um einzeln stehende Sandsteinmonolithen herum zum King Orchid Crevice führt, einer Felsspalte voll grüner Epiphyten. Wie der Name schon verspricht, gibt es hier zwei übereinanderliegende Höhlen, wobei die obere als Zuhause für Fledermäuse dient. Auf der gleichen Seite der Straße, etwa 900 Meter weiter südlich, beginnt ein fünfeinhalb Kilometer langer Rundwanderweg. Am besten geht man ihn gegen den Uhrzeigersinn, wodurch man nach mehreren Überquerungen des Doctors Gully zuerst zur kleinen Oase des Fern Tree Pool kommt. Anschließend geht es moderat bergauf zum Giant's Chair Lookout, einer Plattform mit wunderbarem Rundumblick über die Umgebung, bevor es über einen relativ steilen Abstieg wieder zum Ausgangspunkt zurückgeht. Von dort aus kann man noch den kurzen Big Foot

Walk anhängen, der einen zu einem weiteren Kunstwerk der Natur führt: Ein großer, brauner Fuß mit vier Zehen scheint hier an die senkrechte, weiße Felswand gemalt worden zu sein.

Wallabys fühlen sich in der felsigen Landschaft wohl

Steile Sandsteinklippen finden sich im ganzen Park.

Im zehn Kilometer entfernten Norden des Parks findet man die Shamrock Mine Site. Diese alte Goldmine darf man zwar nicht mehr betreten, doch es finden sich noch einige Überbleibsel und interessante Informationstafeln, die das Leben auf den Goldfeldern beschreiben.

Und wer nach einem langen Tag voll Erkundungen nach Abkühlung sucht, der sollte zum nahegelegenen Stausee Lake Cania fahre. In seinem kristallklaren Wasser kann man wunderbar baden, und mit einer Angelerlaubnis darf man hier sogar auch fischen.

Bunter Sandstein ziert den Park.

Info

Lage: 100 km südlich von Gladstone und 140 km westlich von Bundaberg

Anfahrt:

- Von Bundaberg aus fährt man auf den State Routes 3 und 12 über Gin Gin und Mount Perry nach Westen bis man nach guten 200 km auf den Burnett Highway trifft. Diesem folgt man 46 km in den Norden durch Monto hindurch bis zur rechten Abzweigung auf die Cania Road, welche einen nach weiteren 12 km in den Park bringt.
- Von Gladstone aus nimmt man den Dawson Highway für 120 km nach Südwesten bis nach Biloela, wo man nach links auf den Burnett Highway abbiegt und nach 96 km auf die linker Hand liegende Cania Road trifft, über die man nach 12 km den Park erreicht.

Öffnungszeiten: immer

Eintritt: nichts

Aktivitäten: Wandern, Tierbeobachtungen, Baden, Fischen

Unterkünfte:

- *Cania Gorge Tourist Retreat*: kleiner, familiengeführter Campingplatz am Parkeingang; Camping ab 28 AUD und Hütte ab 90 AUD; 1253 Cania Road, Monto; www.caniagorgeretreat.com.au; Tel.: +61 7 4167 8110
- *Cania Gorge Big4 Holiday Park*: großer Campingplatz mit Wasserspielplatz für Kinder unweit des Sees; Camping ab 35 AUD und Hütte ab 105 AUD; 54 Park Road, Cania Gorge; www.caniagorge.com.au; Tel.: +61 7 4167 8188

Achtung: Man sollte leichte und warme Kleidung für heiße Tage und kalte Nächte dabei haben. Mitgebrachter Müll muss wieder mitgenommen werden.

13. Salvator Rosa Section (Carnarvon National Park): Eine Landschaft wie gemalt

Die dramatische Landschaft der westlichsten Sektion des Carnarvon National Park hat Entdecker Sir Thomas Mitchell 1846 so sehr an die Werke des Barockmalers Salvator Rosa erinnert, dass er ihr gleich dessen Namen gab. Seinen Fund kommentierte er mit dem auch heute noch gültigen Satz: „Eine Entdeckung, die der Mühen einer Pilgerreise würdig ist."

Schon die Anfahrt zur Salvator Rosa Section gibt einen Vorgeschmack auf die wilde Schönheit dieser Gegend. Bizarre Sandsteinformationen und ungezähmte Natur sind Heimat einer unglaublichen Vielfalt an intensiven Farben sowie Pflanzen und Tieren. Im Gegensatz zur berühmten Carnarvon Gorge Section des Nationalparks gibt es hier nur wenige Wanderwege, und die meisten Sehenswürdigkeiten erreicht man mit dem Geländewagen entlang eines wunderschönen Tracks durch ein breites Flusstal, welches von zerklüfteten Sandsteinfelsen links und rechts des Weges eingerahmt wird.

Der Gebirgszug der Salvator Rosa Section glüht im Abendrot.

Zu den Highlights dieser Sektion zählen die zahlreichen Quellen, die tagtäglich mehrere Millionen Liter kristallklares Wasser an die Oberfläche befördern und Louisa Creek sowie Nogoa River bilden. Das sandige Flussbett des Letzteren muss man überqueren, um den als Sackgasse endenden Track zu erkunden, der einen zuerst zum Ausgangspunkt der Wanderung zum Spyglass Peak bringt. Entlang der China Wall-Felsformation geht es hier wenige hundert Meter zum Fuße eines Berges, der ein imposantes Loch mit ungefähr zehn Meter Durchmesser nahe seinem Gipfel aufweist.

Weitere 500 Meter auf dem Haupttrack bringen einen zur wunderschönen Louisa Creek Day Use Area, wo der Fluss flach wird und über Sandbänke läuft und somit eine angenehme Badetemperatur erhält. Am besten jedoch wartet man mit der Abkühlung, bis man die zwar kurze, aber doch überraschend atemraubende Wanderung auf den nahegelegenen Homoranthus Hill gemacht hat. Hier geht es durch lichten Eukalyptuswald bis zum Fuße eines kleinen Berges und über einige Stufen auf eine natürliche Aussichtsplattform mit einem 360-Grad-Panoramablick über die Felsen und Zinnen der Umgebung. Besonders im Frühling sollte man die zahlreichen farbenprächtigen und besonderen Wildblumen beachten, die hier wie auch im Rest des Parks ihre Schönheit für kurze Zeit zur Schau stellen.

Wenig später führt der Track an den Belinda Springs vorbei, die es sich lohnt etwas genauer anzuschauen. Die sonst so trockene Umgebung präsentiert sich hier erfrischend grün und kristallklares Wasser rauscht sanft über die Felsen. Zwischen den Farnen fühlen sich in dieser kleinen Oase auch Frösche und Reiher sowie Fische und Süßwassergarnelen wohl. Besonders Vogelfreunde sollten das Gebüsch hier aufmerksam studieren, da zahlreiche Arten sich an dieser ganzjährigen Wasserstelle laben.

Nach weiteren vier Kilometern erreicht man das offizielle Ende der Staubpiste bei den Mitchell Springs. Als Sir Thomas Mitchell die Gegend hier im 19. Jahrhundert kartierte, schlugen er und seine Begleiter über der Quelle ein Camp auf, das als Ausgangspunkt für die täglichen Erkundungen diente. Fahrzeuge können ab diesem Punkt nicht mehr weiter, doch wer gerne auf den Spuren der Pioniere dieser Landschaft wandeln möchte, kann hinter dem abgesperrten Gatter ein klein wenig auf Entdeckungsreise gehen und nach alten Zaunresten der ersten europäischen Siedler suchen, die hier mühevoll Viehwirtschaft betrieben.

Info

Lage: 160 km südwestlich von Emerald und 210 km nordöstlich von Charleville

Anfahrt:

- Von Springsure aus nimmt man die Dawson Developmental Road 112 km (ungeteert nach 75 km) bis zur Cungelella Road, welcher man 38 km lang folgt. Nach rechts geht es auf die Salvator Rosa Road, die man 10 km lang fährt, bevor sie zur Salvator Rosa Access Road wird. Weitere 6 km bringen einen zur Nogoa River Camping Area.
- Von Tambo aus nimmt man den Landsborough Highway 8 km nach Osten, biegt auf die Mount Pleasant Road ab und verlässt sie nach 200 m nach rechts auf die Mount Playfair Road. Ab hier ist die Straße ungeteert und die meisten Straßennamen sind nicht angeschrieben. Man folgt dem Straßenverlauf für 33 km und nimmt dann an der Gabelung die linke Abzweigung. Nach weiteren 20 km macht die Straße eine scharfe 90-Grad-Biegung nach links, knapp 6 km später biegt man rechts ab und nach weiteren fast 4 km geht es an der Gabelung nach links. 34 Kilometer später erreicht man die Cungelella Road, auf welche man nach rechts einbiegt. Nach 14 km nimmt man die nach rechts abbiegende Salvator Rosa Road, der man für 10 km folgt, bevor sie zur Salvator Rosa Access Road wird. Die finalen 6 km bringen einen zur Nogoa River Camping Area.

***Achtung*:** Geländewagen mit viel Bodenfreiheit und evtl. Extratreibstoff benötigt. Starker Regen kann zu Straßenschließungen im Park führen. Gatter sollen so hinterlassen werden, wie sie vorgefunden wurden.

Öffnungszeiten: immer

Eintritt: nichts

Aktivitäten: Geländewagen fahren, Wandern, Tierbeobachtungen, Baden

Unterkünfte:

- QPWS Campingplatz *Nogoa River*: sehr einfacher Platz im Park am sandigen Flussufer ohne Strom und Wasser, aber mit Toiletten; 6,55 AUD p. P. (ab 5 J.); Onlinebuchung: www.qld.gov.au/camping ⇨ camping

***Achtung*:** Keine Einkaufsmöglichkeiten im Park, d. h. Besucher müssen alles Nötige wie Essen, Wasser, etc. selbst mitbringen. Mitgebrachter Müll muss wieder mitgenommen werden.

14. Mount Moffatt Section (Carnarvon National Park): Auf dem Dach Queenslands

Zwar ist die Mount Moffatt Section nach der Carnarvon Gorge Section nur die zweitbeliebteste im Carnarvon National Park, doch merken Besucher schnell, dass dies lediglich an der schwierigeren Erreichbarkeit liegt. Für Geländewagenenthusiasten bieten sich hier auf über 1200 Höhenmetern nämlich geniale Aussichten und einzigartige Sandsteinformationen sowie eine Abgeschiedenheit, die ihresgleichen sucht.

Eigentlich liegt dieser Teil des Nationalparks nur 40 Kilometer Luftlinie von der Carnarvon Gorge Section entfernt – doch die 310 Kilometer Fahrt, um hierher zu gelangen, dementsprechend geringe Besucherzahlen und die deutlich trockenere Landschaft lassen einen fühlen, als wäre man viel weiter weg. Die wilde und vielfältige Szenerie der Moffatt Section besteht aus breiten, sandigen Tälern, weitläufigen Grasebenen, faszinierenden Gesteinsformationen und einem wilden Plateau, das Fahrer und Fahrzeug fordert.

Es gibt nur relativ wenige und kurze Wanderungen, doch viele Kilometer Staubpiste, die einen zu den Sehenswürdigkeiten bringen. Als Einstieg

Auf den Grasebenen tummeln sich in der Dämmerung Kängurus.

empfiehlt es sich, den 42 Kilometer langen Mount Moffatt Circuit Drive zu machen. Hier hat man gleich am Anfang bei der Sandstone Day Use Area die Möglichkeit sich seine Beine zu vertreten, indem man zum imposanten Cathedral Rock wandert. Am besten hängt man dann gleich noch den auf der gegenüberliegenden Straßenseite beginnenden sechs Kilometer langen Maranoa River Circuit Walk daran, der zu den nahe gelegenen, abstrakten Sandsteinformationen The Chimneys und The Looking Glass sowie The Tombs führt. Letzteres ist eine alte Aborigine-Begräbnisstätte, die bis zum Ende des 20. Jahrhunderts kunstvoll bemalte Rindensärge mit Überresten Verstorbener beinhaltete, die leider entwendet wurden. Erhalten blieben aber glücklicherweise mehr als 400 Schablonenkunstmotive, welche die Wand unter dem Überhang schmücken.

Folgt man dem Mount Moffatt Circuit Drive im Uhrzeigersinn, so kommt man als nächstes an der Dargonelly Rock Hole Camping Area vorbei. Ungefähr vier Kilometer später erreicht man Marlong Arch, einen gewaltigen, und doch filigranen Steinbogen, bevor man zur Kookaburra Cave mit Felsgravuren und ein paar Schablonenkunstmotiven kommt.

Nach einem Besuch der weiter entlang des Tracks gelegenen Felsformation Lot's Wife sollte man den kleinen Abstecher zur nahegelegenen Marlong Plain machen und nach Emus Ausschau halten, die gerne durch

das Buschland entlang des Baches wandern. Ist man hier abends, kann man sein Auto in der Nähe des abgesperrten Tors abstellen und zur Kante der Ebene wandern, dabei zahlreiche Kängurus beim Grasen beobachten und bewundern, wie sich die Farben der Sandsteinkliffs in der Ferne ändern. Die zweite Hälfte der Route wartet mit keinen besonderen Sehenswürdigkeiten mehr auf, doch bietet es sich an sie als Abwechslungsroute zu fahren, wenn man beim Dargonelly Rock Hole campen möchte.

Ansonsten kann man den 18 Kilometer langen High Country Drive zum Head of Carnarvon Creek machen. Dabei bieten sich grandiose Ausblicke von dem auf 1200 Meter gelegenen Picknickplatz beim Top Shelter Shed. Durch einen Wald mit hohen Bäumen erreicht man das Ende des Tracks, von wo aus man den Ursprung des Carnarvon Creek sieht, der weiter flussabwärts durch die gleichnamige Schlucht in der nebenan liegenden Sektion fließt.

Und wem dies noch nicht genug Aussicht war, der kann natürlich auch den 1079 Meter hohen Mount Moffatt selbst per Auto erklimmen.

Marlong Arch

Boab Tree im Abendrot

Info

Lage: 170 km südlich von Emerald und 195 km nordwestlich von Roma

Anfahrt: Von Injune geht es über die Womblebank Gap Road und die Mount Moffatt Road (nur die ersten 69 km bis zum Merivale River sind geteert) bzw. über die Westgrove Road und Mount Moffatt Road 137 bzw. 132 km bis zum Parkeingang.

***Achtung*:** Geländewagen mit viel Bodenfreiheit und evtl. Extratreibstoff benötigt. Starker Regen kann zu Straßenschließungen im Park führen.

Öffnungszeiten: immer

Eintritt: nichts

Aktivitäten: Geländewagen fahren, Wandern, Tierbeobachtungen

Unterkünfte:

- QPWS Campingplätze *Dargonelly Rock Hole*, *West Branch*, *Rotary Shelter Shed* und *Top Moffatt:* einfache Plätze im Park ohne Strom, mit Toiletten und meist begrenztem Wasser (Top Moffatt: kein Wasser, aber Holzgrills – Holz muss mitgebracht werden); jeweils 6,55 AUD p. P. (ab 5 J.); Onlinebuchung: www.qld.gov.au/camping ⇨ camping

***Achtung*:** Keine Einkaufsmöglichkeiten im Park, d. h. Besucher müssen alles Nötige wie Essen, Wasser, etc. selbst mitbringen. Mitgebrachter Müll muss wieder mitgenommen werden.

15. Carnarvon Gorge Section (Carnarvon National Park): Erfrischend grünes Schluchtenabenteuer

Warumbah Creek Gorge

Über Millionen von Jahren hat der Carnarvon Creek die wohl berühmteste Schlucht Queenslands in den Sandstein gefräst. Wie eine kleine Oase im sonst so trockenen Outback präsentiert sich einem die Carnarvon Gorge voll frischem Wasser, schattigen Seitencanyons und kühlem Regenwald.

Die Carnarvon Gorge Section ist ohne Frage der populärste Bereich des Carnarvon National Park, der aus insgesamt sieben Teilen besteht. Schon bevor man das Besucherzentrum erreicht, lohnt es sich entlang der Straße zu stoppen und sich in das erste Abenteuer zu stürzen. So kann man zum Beispiel unter Fächerpalmen zur nahe gelegenen Baloon Cave mit Schablonenkunst der Aborigines wandern oder in der Mickey Creek Gorge die versteckte Abzweigung zur extrem schmalen und moosbedeckten Warumbah Creek Gorge entdecken, die selbst viele Einheimische nicht kennen.

Vom Besucherzentrum aus gehen dann zahlreiche Wanderwege in die Hauptschlucht los. Die Basis aller ist der Main Gorge Walking Trail, der unter Palmen und Eukalyptusbäumen kreuz und quer, entlang und über den Carnarvon Creek zehn Kilometer in die von hohen Kliffs eingefasste Schlucht hineinführt. Der Endpunkt des offiziellen Pfades ist das Wasserloch von Big Bend, wo man auch ganzjährig zelten darf.

Entlang des Weges hierher finden sich zahlreiche Abstecher zu Plätzen, die man auf keinen Fall verpassen sollte. Am geschicktesten plant man seinen Tag so, dass man die Mittagssonne und den eventuellen Besucherstrom meidet. Das heißt, dass man früh morgens, wenn es noch kühl ist, durch die breite, zur Mittagszeit ziemlich heiße Hauptschlucht bis zu seinem am weitest entfernten Tagesziel wandert. Auf dem Rückweg kann man dann zahlreiche Stopps in den engen, oft deutlich kühleren Seitenschluchten machen, die dann schon wieder leer von anderen Besuchern sind.

Geht man so vor, bietet sich als erster Abstecher auf dem Rückweg ein Besuch der kunstvoll geformten Boowinda Gorge und der nebenan gelegenen Cathedral Cave an, die ein beeindruckendes Felskunstpanorama bietet. Noch mehr Aboriginekunst findet sich einige Kurven weiter flussabwärts bei der 62 Meter langen Art Gallery, welcher kurz später der schattige Wards Canyon folgt, der mit seinem kleinen Wasserfall und Königsfarnen an die Landschaft des Urkontinents Gondwana erinnert. Als nächstes kommt man zum 60 Meter hohen und hinter einem langen Felsspalt versteckten Amphitheater, das mit seiner besonderen Akustik imponiert, und wer die Welt um sich herum vergessen möchte, der sollte dem leisen Tröpfeln des kleinen Wasserfalls im weiter Richtung Schluchteingang gelegenen Moss Garden lauschen. Beim letzten Stück des Rückwegs, dem Nature Trail, lohnt es sich oft entlang des Flusses das Wasser besonders genau zu beobachten. Manchmal zeigen sich hier Schnabeltiere, die in der Abenddämmerung auf Futtersuche sind.

Im Amphitheatre

Sind einem die Touren im Tal noch nicht schweißtreibend genug, bietet sich eine frühmorgendliche Wanderung auf das Boolimba Bluff an, von wo aus man einen atemberaubenden Ausblick über die 200 Meter unter einem liegende Schlucht hat. Spätestens dann hat man sich ein Bad im Rock Pool entlang der Zufahrtsstraße verdient – das einzige Wasserloch im Park, in dem man Baden darf.

Auch wenn man ein geübter Wanderer ist, sollte man sich schnell von der Vorstellung trennen, dass man alles, was die Schlucht zu bieten hat, in einem Tag sehen kann. Mindestens drei Tage sollte man hier veranschlagen, und fünf bis sechs werden sogar empfohlen.

Moss Garden

Info

Lage: 170 km südlich von Emerald und 175 km nordlich von Roma

Anfahrt: Von Injune fährt man auf dem Carnarvon Highway 111 km nach Norden, von Rolleston aus auf der gleichen Straße 61 km in den Süden, bis zur Abzweigung auf die Wyseby Road. Dieser folgt man 18 km, biegt nach links auf die O'Briens Road ab, und hält sich nach 21 km links um die letzten 1,5 km auf der Carnarvon Gorge Road zurückzulegen.

Achtung: Die letzten 15 km sind ungeteert und können nach Regen für normale Autos unpassierbar sein.

Öffnungszeiten: immer

Eintritt: nichts

Aktivitäten: Wandern, Tierbeobachtungen, Baden

- % *Australian Nature Guides* bietet von März bis Oktober Night Safari Tours, bei denen man im Dunkeln die nachtaktiven Geschöpfe der Carnarvon Gorge zu sehen bekommt; 1,5 h für 25 AUD p. P.; www.carnarvongorge.info; Tel.: +61 7 4984 4652

Unterkünfte:

- QPWS Campingplatz *Carnarvon Gorge*: Standardplatz mit Wasser, Toiletten und heißen Duschen (für 1 AUD), nur in den lokalen Frühlings-, Oster- und Weihnachtsferien geöffnet mit nur wenigen, einfachen Autostellplätzen am Besucherzentrum; 6,55 AUD p. P. (ab 5 J.); Onlinebuchung: www.qld.gov.au/camping ⇨ camping
- *Carnarvon Gorge Wilderness Lodge*: wunderschön naturnah gelegene Öko-Lodge vor den Toren zum Nationalpark; Safarizelt ab 170 AUD und Hütte ab 150 AUD; 4043 O'Briens Road, Carnarvon Gorge; www.carnarvon-gorge.com; Tel.: +61 7 4984 4503
- *Takarakka Bush Resort*: ganzjährig geöffnetes Resort unweit des Parkeingangs; Camping ab 30 AUD, Safarizelt ab 99 AUD und Hütte ab 165 AUD; O'Briens Road, Carnarvon Gorge; www.takarakka.com.au; Tel.: +61 7 4984 4535
- % *Sandstone Park*: einfacher Campingplatz als Alternative von April bis September, wenn der Platz im Nationalpark geschlossen ist; Camping ab 20 AUD; O'Briens Road, Carnarvon Gorge; www.sandstonepark.com.au; Tel.: +61 7 4984 4679

Achtung: Keine Einkaufsmöglichkeiten im Park, d. h. Besucher müssen alles Nötige wie Essen, Wasser, etc. selbst mitbringen. Mitgebrachter Müll muss wieder mitgenommen werden.

Fraser Coast und Hinterland

16. Mount Walsh National Park: Unterschätzte Wildnis
17. Mon Repos: Meeresschildkröten hautnah erleben
18. Hervey Bay: Im Walkindergarten Australiens
19. Fraser Island: Geländewagenabenteuer auf der größten Sandinsel der Welt
20. Wolf Rock: Adrenalinrausch in der Tiefe

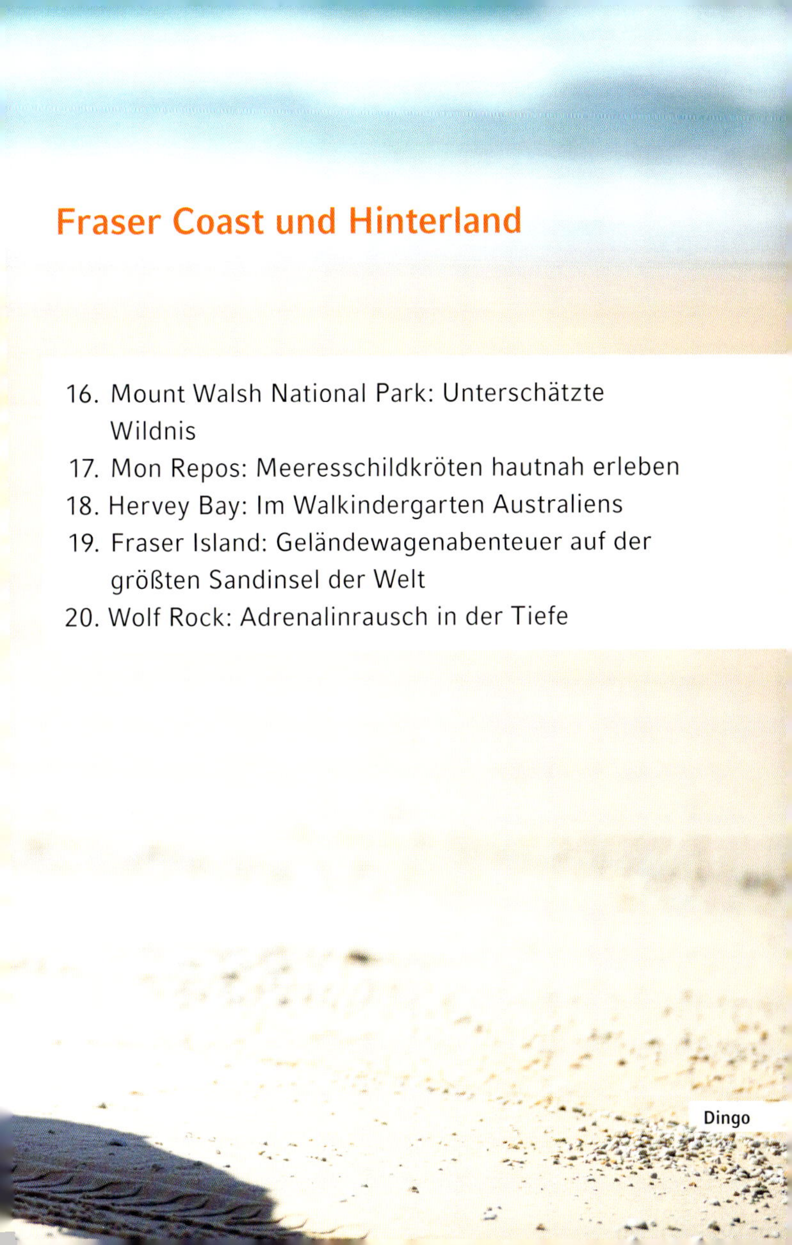

Dingo

Winfield
Korallenmeer
17. Mon Repos
Bundaberg
Childers
18. Hervey Bay
19. Fraser Island
Maryborough
16. Mount Walsh National Park
Rainbow Beach
20. Wolf Rock
Goomeri
Gympie

16. Mount Walsh National Park: Unterschätzte Wildnis

Wenige Einheimische und noch weniger Touristen erkunden diesen wilden Park in der Coastal Range. Dabei sind die vielfältige Vegetation und unglaubliche Schönheit der Landschaft mit ihren blanken Granitgipfeln diesen Abstecher von den Hauptwegen allemal wert.

Der Mount Walsh National Park präsentiert schon bei der Anfahrt eindrucksvoll exponierte Granitfelsen und -klippen mit bewaldeten Steilhängen, geschützten Schluchten und schroffen Bergkämmen. Kein Wunder, dass sich hier rare und bedrohte Tierarten wie Riesenkauz und Weißbrauenhabicht wohlfühlen. Wanderfalken ziehen ihre Kreise hoch in der Luft, Warane sonnen sich auf den warmen Felsen, und in manchen Bächen findet sich eine Schildkröte, die zu den wenigen Arten einheimischer Tiere zählt, welche die eingeführte und zur Plage gewordene Aga-Kröte fressen können ohne zu verenden.

Im Park gibt es nur wenige ausgeschriebene Wanderwege, die man über drei Zufahrtsstraßen erreichen kann. Eine der beliebteren Ecken ist die Mount Walsh Day Use Area im Norden. Von hier aus geht es auf dem Bluff Walking Track bis zum 703 Meter hohen Mount Walsh selbst. Diese nur drei Kilometer lange Wanderung hin und zurück hat es in sich, weswegen offiziell fünf Stunden dafür angesetzt sind. Die meisten Leute gehen nur die ersten 500 Meter zu einem Aussichtspunkt mit schönem Blick über die Landschaft. Wer weiter wandern möchte, sollte einfach so weit gehen, wie er es sich zutraut und er kleine Bänder und Pfeile auf den Steinen als Wegmarkierungen sehen kann. Kurz unterhalb des Gipfels ist jedoch für die meisten Schluss, da man ab hier ziemlich klettern muss. Dafür bieten sich zahlreiche schöne Ausblicke auf dem Rückweg.

Für heiße Sommertage besser geeignet ist der Rock Pool Walk beim Waterfall Creek im Osten des Parks. Eineinhalb Kilometer geht es hier auf einem gut sichtbaren Weg durch Wald und Gebüsch bis zu einem Bachlauf, der im Laufe der Zeit einige Felsenbecken im Flussbett ausgehöhlt hat. Hier kann man, umgeben von majestätische Palmen und Eukalypten und durchs Gebüsch hüpfenden Wallabys, wunderbar mehrere Stunden verbringen. Allerdings sollte man darauf achten, dass der letzte Regen noch nicht zu lange her ist, da das Wasser sonst nicht mehr so schön klar und frisch ist.

Wer seinen Geländewagen etwas ausfahren möchte, dem sei Coongarra Rock im Westen des Parks empfohlen. 14 Kilometer geht es hier auf einer Staubpiste entlang eines Kamms durch wunderbare Landschaft, bis man zum grasigen Parkplatz in der Nähe des mächtigen Granitfelsens kommt. Es gibt einen offiziellen Pfad, um näher an ihn heran zu kommen, doch den muss man erst einmal finden. Dazu geht man vom Parkplatz aus nach links (Südosten) auf dem breiten Track zu Fuß weiter, über drei kleine Hügel und zwei Bachüberquerungen. Nach einem guten Kilometer weist rechter Hand ein Schild auf den Coongarra Rock Track hin. Den Felsen selbst

Auf dem Gipfel des Mount Walsh

sollte man nur soweit besteigen, wie man einen Weg erkennt und ausreichende Kletterkünste mitbringt.

Der beschriebene Geländewagentrack lässt sich ausbauen, wenn man auf dem Rückweg eineinhalb Kilometer vom Parkplatz entfernt die erste Straße nach rechts nimmt und weitere fünf Kilometer bis fast direkt zu den Coongarra Falls fährt, die man nach 300 Metern Fußweg erreicht. Sie führen nur nach Regen Wasser, doch wenn, dann bieten die Felsenbecken am Bachlauf oberhalb der Kante ein sensationelles Bad mit Aussicht.

Info

Lage: 65 km westlich von Maryborough und 45 km südwestlich von Childers

Anfahrt:
- Zur Mount Walsh Day Use Area gelangt man ab Biggenden über 1,6 km auf der Maryborough Biggenden Road und anschließenden 5 km (nur die ersten 2 km sind geteert) auf der National Park Road.
- Den Parkplatz von Coongarra Rock erreicht man über den Isis Highway im Westen von Biggenden, den man nach 7 km für die Lords Road verlässt. Diese wird nach 5 km zur Coongarra Rock Road (für die man einen Geländewagen braucht), der man bis zum grasigen Parkplatz unweit des Coongarra Rock weitere 9 km folgt. 1,5 km vor dem Parkplatz führt ein weiterer offizieller Track nach Südosten (nach rechts abbiegen, wenn man auf dem Rückweg nach Biggenden ist), der nach 5 km 300 m vor den Coongarra Falls stoppt.
- Den Parkplatz für Waterfall Creek erreicht man von Biggenden aus nach 25 km auf der Maryborough Biggenden Road, weiteren 2,5 km auf der Innooroolabar Road, und 8 km auf der ungeteerten Utopia Road.

Öffnungszeiten: immer

Eintritt: nichts

Aktivitäten: Wandern, Geländewagen fahren, Baden

Unterkunft:
- *Mountain View Caravan Park*: kleiner Campingplatz am Ortsrand von Biggenden; Camping ab 29 AUD und Hütte ab 105 AUD; 19 Walsh Street, Biggenden; www.northburnett.qld.gov.au; Tel.: +61 7 4127 1399

17. Mon Repos: Meeresschildkröten hautnah erleben

An einem unauffälligen Strand bei Bundaberg vollziehen sich jedes Jahr zwischen November und März zwei nächtliche Spektakel, die jeder Naturfreund einmal in seinem Leben gesehen haben sollte: Erst kommen Meeresschildkröten an Land zur Eierablage, und später schlüpfen die Kleinen und machen sich auf ihre Reise durch den weiten Ozean.

Unscheinbarer Mon Repos Beach

Der eineinhalb Kilometer lange Mon Repos Beach sieht zwar auf den ersten Blick etwas unspektakulär und wie viele andere Strände auch aus, doch wer sich nachts auf eine Tour mit den Nationalpark-Rangern macht wird bemerken, wie einzigartig er ist. Dieser Strand hat nämlich zur Saison die größte Konzentration an nistenden Meeresschildkröten der ganzen Ostküste Australiens und die größte Population an vom Aussterben bedrohten Unechten Karettschildkröten im ganzen Südpazifik.

Von November bis Januar kommen jedes Jahr ausgewachsene, weibliche Schildkröten an Land, die selbst in der näheren Umgebung geschlüpft sind. Dabei sind mehrere Jahrzehnte alte Exemplare von bis zu über einem Meter und 100 Kilogramm keine Seltenheit. Im Schutz der Dunkelheit vor der Hitze der Sonne und tagaktiven Räubern wuchten sie sich an Land, graben mit ihren Hinterflossen ein Loch im Sand und hinterlassen im Abstand von zwölf bis 23 Tagen mehrere Gelege mit bis zu 125 runden, lederartigen Eiern.

Je nach Umgebungstemperatur sind die Schlüpflinge nach circa sieben bis zehn Wochen fertig entwickelt und durchbrechen ihre Eischale in den Nächten von Januar bis März. Dann graben sie sich durch den Sand an die Oberfläche und robben zu ihrem eigentlichen Lebensraum, dem Meer.

Frisch geschlüpfte Schildkröten

Auf den ersten Blick könnte man meinen, dass bei mehreren hundert Eiern pro Schildkröte in der Saison der Bestand gesichert sei und vielleicht sogar wächst, doch dem ist leider nicht so. Die ehemals weit verbreitete Jagd hat die Tiere fast ausgerottet, und auch wenn sie heutzutage größtenteils verboten ist, verenden doch viele Schildkröten immer noch qualvoll in Fischernetzen. Ein weiterer Faktor, der die rasche Vermehrung hindert, ist, dass die Tiere erst nach Jahrzehnten geschlechtsreif werden, im Durchschnitt nur alle vier Jahre Eier legen und von 1000 Schlüpflingen in der Regel nur einer das fortpflanzungsfähige Alter erreicht. Zudem lassen sie sich sehr leicht von plötzlichen Bewegungen und künstlichen Lichtquellen irritieren – welche heutzutage an vielen Stränden allgegenwärtig sind.

Unechte Karettschildkröte

Aus diesem Grund ist zum Beispiel der Mon Repros Beach von November bis März von sechs Uhr abends bis sechs Uhr morgens für den Publikumsverkehr gesperrt, und man kann nur auf Ranger-geführten Touren in Kleingruppen die Schildkröten unter professioneller Führung beobachten. Hierfür trifft man abends am Mon Repos Turtle Centre ein und wartet mit anderen Besuchern darauf, dass die Ranger Schildkröten finden. Dies kann zwar nicht garantiert werden, doch stehen die Chancen meist sehr gut. Und bis es soweit ist, kann man die zahlreichen Informationstafeln mit interessanten Fakten zu den Tieren durchlesen. Egal, wie lange man sich die Zeit vertreiben muss – das Erlebnis diese einzigartigen Tiere in freier Wildbahn zu sehen, ist jede Minute des Wartens wert.

Info

Lage: 10 km nordöstlich von Bundaberg

Anfahrt:

- Von Bundaberg aus nimmt man die Bargara Road bis zur Grundschule von Bargara. Dort fährt man auf die nach links abzweigende Potters Road, an deren Ende man in die Grange Road rechter Hand abzweigt, die nach kurzer Zeit zur Mon Repos Road wird. Knappe 2 km nach der letzten Abzweigung nimmt man die Rookery Road auf der linken Seite, welche einen nach insgesamt ca. 20 min Fahrzeit direkt zum Turtle Centre-Parkplatz bringt.
- Von Bargara aus nimmt man die Bargara Road Richtung Bundaberg, biegt an der Grundschule nach rechts ab und folgt dann der vorherigen Beschreibung, um nach ca. 10 min ans Ziel zu kommen.

Öffnungszeiten / Eintritt / Aktivitäten:

- *Mon Repos Turtle Encounter*: geführte Tour von Rangern des Nationalparks, um eierablegende oder schlüpfende Meeresschildkröten am Strand, zu beobachten; ab 19 Uhr–open end (je nachdem wann die Schildkröten kommen); 12,40/6,45 AUD Erwachsener/Kind 5–14 J.; Onlinebuchung (ab 1. September) bis spätestens 16 Uhr des Tages der Tour nötig: www.bundabergregion.org/turtles/mon-repos-turtle-encounter; Tel.: +61 13 0072 2099

Achtung: Den Anweisungen der Ranger (z. B. wann Fotos erlaubt sind) ist unbedingt Folge zu leisten, um den Tieren keinen Schaden zuzufügen.

Unterkunft:

- *Bargara Beach Caravan Park*: am südlichen Nachbarstrand von Mon Repos Beach gelegener Campingplatz; Camping ab 29 AUD und Hütte ab 103 AUD; 25 Fred Courtice Avenue, Bargara; www.bargarabeachcaravanpark.com.au; Tel.: +61 7 4159 2228

18. Hervey Bay: Im Walkindergarten Australiens

Auf ihrer Migration vom warmen Great Barrier Reef in die kalte Antarktis gibt es nur wenige Plätze, an denen sich Buckelwale und ihre Jungen länger aufhalten. Einer davon ist die durch Fraser Island geschützte Bucht Hervey Bay, in der sich teilweise so viele dieser Meeressäuger tummeln, dass man gar nicht weiß, wohin man zuerst schauen soll.

Buckelwale sind Wandertiere, die bis zu 25.000 Kilometer jedes Jahr schwimmen. Die Exemplare in Hervey Bay haben ein Sommerquartier im futterreichen Polarmeer der Antarktis und ein Winterquartier in den warmen, flachen Gewässern vor der australischen Ostküste, wo sie auch kalben. Überraschenderweise fressen sie nur in ihren Sommerquartieren – im Winter zehren sie von ihren Fettreserven, und das obwohl die Weibchen zu dieser Zeit auch ihre Jungen mit Milch versorgen müssen.

Mit einer unglaublichen Kraft katapultieren sich Buckelwale aus dem Wasser.

Jedes Jahr zwischen Juni und November halten sich die Buckelwale oft mehrere Tage, teilweise sogar Wochen, in Hervey Bay auf. Die sonst allein durch die weiten Meere ziehenden Walmütter scheinen sich hier auf einen Plausch mit ihren Artgenossen zu treffen, während ihre Jungen miteinander spielen. Bei diesem einmaligen Schauspiel finden sich oft Dutzende Wale zeitgleich in der Bucht ein und springen um die Wette aus dem Wasser, was man oft sogar vom Strand aus beobachten kann.

Die beste Art, ganz nah an sie heranzukommen, ist jedoch ohne Frage mit einem Boot. Zahlreiche Anbieter buhlen im Hafen von Hervey Bay um die Gunst der Kundschaft, und schnell kann man bei dem schier unendlich erscheinenden Angebot überfordert sein. Die eindrucksvollsten Begegnungen mit den Meeressäugern versprechen relativ kleine Boote, bei denen man nicht mit anderen Gästen um die Plätze an der Reling kämpfen muss. Manche Schiffe haben Glasfenster im Innenraum, die einen zwar Auge in Auge mit einem Buckelwal bringen können, aber

bei ungünstigem Seegang auch sehr schnell selbst die Fische füttern lassen. Es gibt sogar ein paar wenige Anbieter, die Schnorchelerlebnisse mit den Tieren anbieten. Und dann kann man sich noch entscheiden, ob man vielleicht auf einem Segel- statt einem Motorboot zwar langsamer zu den Walen gelangen möchte, sie aber dafür weniger stört und dadurch eventuell länger sieht. Egal, welche Option man wählt, viele Anbieter geben einem eine 100-prozentige Garantie Wale zu sehen, ansonsten gibt es oft einen kostenlosen Ausflug am nächsten Tag.

Selbst wenn das Meer einmal etwas unruhig erscheint (was in dieser geschützten Bucht eher selten vorkommt), sollte man sich nicht entmutigen lassen. Es geht das Gerücht herum, dass die Wale dann noch lieber aus dem Wasser springen – also rein in die Apotheke und mit Reisetabletten ausgerüstet ab aufs Boot! Sobald man dann den ersten Wal zu Gesicht bekommt, ist man erst einmal überwältigt von der unglaublichen Größe und Eleganz dieser Tiere. Je nachdem wie nah sie herankommen, kann man sogar Seepocken und goldgelbe Kieselalgen auf ihren Körpern sehen. Manchmal scheint es, als würden die Wale uns Menschen mit ebenso großem Interesse begutachten wie wir sie. Es kommt regelmäßig vor, dass ein Boot mit ausgeschaltetem Motor eine Stunde vor sich hin driftet, weil es von neugierigen Tieren eingekreist ist. Wenn es den Walen dann reicht, verschwinden sie graziös in der Tiefe, indem sie ihren Rücken durchbiegen und ganz am Schluss die Schwanzflosse ins Wasser eintauchen. Spätestens dann können einem die *guides* oft sagen um welches Tier es sich genau handelt, da jede Flosse einzigartig wie ein Fingerabdruck ist.

Ein besonderes Erlebnis ist Buckelwalen in ihrem Element zu begegnen.

Die Buckelwale scheinen ihr Publikum oft zu genießen.

Info

Lage: Zwischen Fraser Island und Hervey Bay, 70 km südlich von Bundaberg

Anfahrt: Per Boot mit einem der zahlreichen Anbieter

Öffnungszeiten: Von Juli bis Oktober (abhängig von den Walen)

Eintritt: nichts

Aktivitäten: Tierbeobachtungen, *whale watching*

- *Blue Dolphin Marine Tours*: Segelkatamaran für max. 24 Gäste mit Hydrophon und Plattform, die einen auf Augenhöhe mit den Walen bringt; täglich von 7:30–15:30 Uhr; 160/130 AUD Erwachsener/Kind bis 14 J. (Mindestalter 8 J.), inkl. Mittagessen, Snacks und Getränk sowie Transfer von Hervey Bay Unterkunft; Great Sandy Straits Marina, Hervey Bay; www.bluedolphintours.com.au; Tel.: +61 7 4124 9600
- *Pacific Whale Foundation Australia*: auf Augenhöhe mit den Walen in einem Festrumpfschlauchboot für max. 38 Passagiere, mit Forscher und Hydrophon an Bord, Erlös kommt der Walforschung zugute; 3-mal täglich 3 h um 7, 11 und 14:30 Uhr; 89/59 AUD Erwachsener/Kind (Mindestalter 6 J.), inkl. Snacks und Softdrinks; Great Sandy Straits Marina, Hervey Bay; www.pacificwhale.com.au; Tel.: +61 7 3184 8562
- *Hervey Bay Dive Centre*: Kombination von Walbeobachtung mit Schnorcheln nur von ca. Mitte Juli–Anfang September wg. später auftauchenden Walkälbern für max. 12 Gäste; täglich von 8:30–13:30 Uhr; 150/110 AUD Erwachsener/Kind bis 14 J. (Mindestalter 4 J.), inkl. Snacks und Getränken; Boat Club Marina, Hervey Bay; www.diveherveybay.com.au; Tel.: +61 4 1152 7734

19. Fraser Island: Geländewagenabenteuer auf der größten Sandinsel der Welt

Dichter Regenwald sowie unzählige Seen und Flüsse bedecken dieses Offroad-Juwel für Naturfans vor der Küste von Hervey Bay – dass die Basis Sand ist, lässt sich jedoch allzeit an den Stränden, Dünen und Inlandtracks erkennen. Auch wenn Fraser Island kein richtiger Geheimtipp mehr ist, so kann man dennoch mit dem eigenen Geländewagen immer noch zahlreiche kleine Abenteuer abseits der ausgefahrenen Pisten erleben.

75 Mile Beach: eine der offiziellen Straßen der Insel

Um die Insel zu erkunden, ist Erfahrung im Fahren auf Sand von Vorteil, doch wenn man die Grundlagen wie Reifendruck senken und Vorsicht beachtet, sollte man auch als Anfänger keine Schwierigkeiten haben. Die Hauptverkehrsader ist der 75 Mile Beach entlang der Ostküste, der als offizieller Highway Teil des Great Beach Drive ist. Er wird regelmäßig als Landepiste von Kleinflugzeugen benutzt, daher sollte man hier immer auch den Himmel im Blick haben.

Entlang der Ostküste finden sich zahlreiche Sehenswürdigkeiten, die zwar manchmal mit Tourgruppen überlaufen sein können, aber trotzdem so wunderschön sind, dass man sie fast gesehen haben muss. Dazu zählen der kristallklare Eli Creek, auf dem man sich Richtung Meer treiben lassen kann, das verrostete Schiffswrack der S.S. Maheno, welches hier 1935 während eines Zyklons strandete, sowie die farbigen Sandkliffs von The Cathedrals und Rainbow Gorge, die zur Kirra Sandblow, einer surrealen Dünenlandschaft, führt. Vom Indian Head aus lassen sich ganzjährig Schildkröten, Delfine und Haie sowie zwischen Juni und November vorbeiziehende Buckelwale beobachten, und die Champagne Pools bieten wunderbar natürliche Felsenbecken zum sicheren Baden.

The Cathedrals

Auch das von zahlreichen Sandpisten durchkreuzte Inselinnere bietet einmalige Highlights wie das ehemalige Holzfällercamp bei Central Station mitten im subtropischen Regenwald, den tiefblauen Lake McKenzie mit seinem strahlend weißen Sandstrand, und den Lake Wabby, der jedes Jahr um einen weiteren Meter von der langsam vorrückenden Hammerstone Sandblow verdrängt wird.

Das Beste an Fraser Island ist, dass es so groß ist, dass es fast zu jeder bekannten Sehenswürdigkeit mindestens einen kaum bekannten Doppelgänger gibt. So findet sich unter den über 100 Seen zum Beispiel mit dem Lake Birrabeen ein etwas grünlicheres Double zum Lake McKenzie (mit ebenso weißem Sand), und tief im Wald kann man im Lake Allom sogar mit unzähligen, neugierigen Schildkröten schwimmen. Statt des relativ kurzen Waggoolba Creek-Spaziergangs bei der Central Station sollte man weiter bis zu den Baumriesen im Pile Valley wandern, und wer gutes Mückenspray dabei hat und außerhalb der Quallensaison reist, kann die meist ruhigen Gewässer der Westküste der Insel oft ganz für sich allein haben. Ebenso wenig besucht ist die Tukkee-Sanddüne westlich vom Indian Head und die komplette Ostküste nördlich von Orchid Beach mit dem moorfarbenen Orange Creek, in dem man sich wie im Eli Creek treiben lassen kann. Auf dem Weg hierher darf man auf gar keinen Fall Waddy Point verpassen, der ebenso wie Indian Head traumhafte Aussichten verspricht und entlang des Pfades am Strand als Ersatz für die Champagne Pools durch eine Sandbank geschützte Gezeitenbecken bietet.

Wanggoolba Creek

Um die über 1600 Quadratkilometer große Insel mit ihren über 100 Kilometern an Inlandtracks und mehr als 300 Kilometern an Wanderwegen richtig erkunden zu können, sollte man mindestens drei Tage einplanen, am besten sogar eine ganze Woche. Auch wenn die Strecken oft nicht lang erscheinen, so muss man sich immer nach den Gezeiten und Straßenzuständen richten und mit Unvorhergesehenem rechnen.

Info

Lage: 15 km östlich von Hervey Bay

Anfahrt: Per Autofähre
Von River Heads (Hervey Bay):

- *Kingfisher Bay Ferry*: 5-mal täglich zum Kingfisher Bay Resort; Fahrzeit ca. 50 min; hin: 6:45, 9, 12:30, 15:30, 18:45 Uhr, zurück: 7:50, 10:30, 14, 17, 20:30 Uhr; einfache/Hin- und Rückfahrt ab 105/175 AUD pro Auto inkl. Fahrer, 5 AUD extra pro Passagier; www.fraserislandferry.com.au/barges/kingfisher-bay-ferry; Tel.: +61 7 4194 9300
- *Fraser Venture Barge*: 3-mal täglich zu Wanggoolba Creek; Fahrzeit ca. 30 min, hin: 8:30, 10:15, 16 Uhr, zurück: 9, 15, 17 Uhr; einfache/Hin- und Rückfahrt ab 105/175 AUD pro Auto inkl. Fahrer, 5 AUD extra pro Passagier; www.fraserislandferry.com.au/barges/fraser-venture-barge; Tel.: +61 7 4194 9300

Vom Inskip Point (Rainbow Beach):

- *Manta Ray*: täglich zum Hook Point, Fahrzeit 10 min, kontinuierlich von 6–17 Uhr; einfache/Hin- und Rückfahrt ab 75/120 AUD pro Auto inkl. Fahrer und Passagiere; www.mantarayfraserislandbarge.com.au; Tel.: +61 7 5486 3935

Achtung: Nur für Geländewagen mit viel Bodenfreiheit und Untersetzungsoption. Vor der Abfahrt sollte man unbedingt die Gezeiten checken, da man nur bei Ebbe (± 2 h) auf dem Strand fahren kann.

Öffnungszeiten: immer

Eintritt: nichts (außer Geländewagen-Genehmigung: www.qld.gov.au/camping ⇨ vehicle permit; 51,60 AUD p. m.)

Aktivitäten: Geländewagen fahren, Wandern, Tierbeobachtungen, Baden, Fischen

Unterkünfte:

- QPWS Campingplätze: 45 Optionen mit jeweils zahlreichen stromlosen Plätzen finden sich über die ganze Insel verteilt, vom simplen *bush camping* in den Dünen ohne irgendetwas bis hin zu besser ausgestatteten Plätzen mit Wasser, Toiletten und heißen Duschen (2 AUD); alle 6,55 AUD p. P. (ab 5 J.); Onlinebuchung: www.qld.gov.au/camping ⇨ camping
- *Dilli Village*: von der University of the Sunshine Coast betriebenes Research and Learning Centre; Camping 10 AUD + 10/5 AUD Erwachsener/Kind 7–15 J. und Hütte ab 75 AUD; www.usc.edu.au/learn/why-choose-usc/study-locations/research-and-teaching-centres/fraser-island-research-and-learning-centre/accommodation-booking-and-facilities; Tel.: +61 7 4127 9130
- % *The Beachcamp Eco Retreat*: Glamping bei Eurong; Safarizelt ab 140 AUD; www.beachcampfraserisland.com.au; Tel.: +61 4 4804 1877
- *Cathedrals on Fraser*: privater Platz mit allen Annehmlichkeiten; Camping ab 29 AUD, Safarizelt ab 59 AUD und Hütte ab 180 AUD; www.cathedralsonfraser.com.au; Tel.: +61 4127 9177

Achtung: Begrenzte und teure Einkaufsmöglichkeiten sowie Treibstoff gibt es nur in Eurong, Happy Valley, Cathedrals, Kingfisher Bay, und Orchid Beach. Wasser ist verfügbar in Central Station, Dundubara, Waddy Point und bei der Polizeistation in Eurong. Wegen der Nähe zur Sunshine Coast ist es empfehlenswert, die Insel nicht zu Ferienzeiten zu besuchen. Essen, Kleidung und Kleinzeug sollte jederzeit dingosicher weggesperrt sein.

20. Wolf Rock: Adrenalinrausch in der Tiefe

Ein absolutes Muss für begeisterte Taucher ist der vor Rainbow Beach gelegene Wolf Rock. Unter Wasser offenbart er einen unglaublichen Artenreichtum, dessen unbestrittenes Highlight große Gruppen an Sandtigerhaien sind. Doch auch Mantarochen und Riesenzackenbarsche trifft man hier regelmäßig an und manchmal liefern sogar Wale noch die musikalische Untermalung.

Eine 45-minütige Bootsfahrt trennt die reich mit Hart- und Weichkorallen bewachsenen Unterwasserzinnen des Wolf Rock vom Festland. Sie sind vulkanischen Ursprungs und zwei von ihnen ragen aus einer Tiefe von 35 Metern bis an die Wasseroberfläche. Um sie herum wurde ein streng geschützter Marinepark ausgeschrieben, mit einem Umkreis von eineinhalb Kilometer.

Die Haupt-Schutzbedürftigen hier sehen auf den ersten Blick gar nicht so aus: Sandtigerhaie haben beeindruckende, spitze Zahnreihen und wurden in der Vergangenheit wegen ihres gefährlichen Erscheinungsbildes und einer beeindruckenden Länge von bis zu dreieinhalb Metern so gefürchtet, dass sie in den 1960er- und 1970er-Jahren erbarmungslos gejagt und fast ausgerottet wurden. Dabei sind sie sanftmütige Gesellen, und bis heute sind keine tödlichen Angriffe auf Menschen bekannt.

Taucher mit Sandtigerhaien, Mantarochen und Riesen-Stachelmakrelen

Sandtigerhaie

Einige dieser noch immer vom Aussterben bedrohten Tiere leben das ganze Jahr über am Wolf Rock, ihrem wichtigsten Lebensraum entlang der Ostküste Australiens. Die meisten sind jedoch temporäre Gäste, die aus New South Wales kommen, um sich hier fortzupflanzen. Die Weibchen bleiben dann für die fast komplette, neun- bis zwölfmonatige Schwangerschaft am Wolf Rock, bevor sie für ein bis zwei Jahre wieder zurück in ihre eigentliche Heimat ziehen. Die größte Ansammlung von Haien findet man deshalb im Mai, bevor sie dann ab Juni wieder abfällt.

Dafür hält das Meer im Winter eine andere Überraschung parat: Von Juni bis November ziehen am Wolf Rock Buckelwale vorbei. Oft sieht man sie zwischen zwei Tauchgängen während der Oberflächenpause, und manchmal hat man sogar das Glück, sie unter Wasser singen zu hören; teilweise so laut, dass man meint, sie schwämmen direkt neben einem – was auch tatsächlich passieren kann.

Angenehme Wassertemperaturen von 23 bis 26 Grad Celsius und Sichtweiten von bis zu 30 Metern sind ideale Voraussetzungen, um die Tauchgänge in vollen Zügen genießen zu können. Gorgonien und Peitschenkorallen schmücken die Steilwände, und Überhänge und Höhlen laden ein, sie genauer zu inspizieren. Dabei kommt es schon einmal vor, dass gut getarnte Riesenzackenbarsche mit bis zu zwei Metern Größe aus dem Nichts auftauchen oder Mantarochen plötzlich hinter einer Zinne hervorschweben. Beide Arten findet man das ganze Jahr über, wobei der Höhepunkt der Teufelsrochen von April bis Juni ist.

Doch damit nicht genug der Großfische: Adlerrochen gehören zu den alteingesessenen Bewohnern ebenso wie Riesen-Stachelmakrelen, Königsmakrelen und Barrakudas, und in den wärmeren Monaten findet man am Meeresgrund oft auch noch Leopardenhaie.

Allerdings kommen nicht nur Weitwinkelfotografen am Wolf Rock auf ihre Kosten. Auch für die Makrolinse finden sich zahlreiche Motive wie bunte Nacktschnecken, Seesterne, Garnelen, Krabben und Drachenköpfe. Und wer die Felsritzen genauer untersucht, hat gute Chancen Muränen und Oktopusse zu finden.

Ein Highlight für viele und besonders freundliche Gesellen sind die unechte und echte Karettschildkröte sowie die Grüne Meeresschildkröte, welche ebenso wie Seeschlangen keine Scheu vor Tauchern zeigen.

Grüne Meeresschildkröte

Info

Lage: 2 km vor Double Island Point bei Rainbow Beach, 55 km nördlich von Noosa und 75 km südlich von Hervey Bay

Anfahrt / Öffnungszeiten / Eintritt:
Per Tauchboot ab Rainbow Beach mit dem folgenden Anbieter in ca. 45 min:

- % *Wolf Rock Dive Centre*: kleines Boot für bis zu 10 Passagiere, Tauchen ab 190 AUD (2 Tauchgänge), täglich 8–14 Uhr, ca. 6 h, inkl. Mittagessen; 2 Goondi Street, Rainbow Beach; www.wolfrockdive.com.au; Tel.: +61 7 5486 8004

Aktivitäten: Tauchen

Unterkünfte:

- QPWS Campingplätze *The Oaks*, *S.S. Dorrigo*, *M.V. Natone*, *M.V. Beagle* und *M.V. Sarawak*: sehr einfache und wildromantische, nur mit dem Geländewagen erreichbare Plätze am Strand der Inskip Peninsula ohne Strom, Wasser und Duschen, aber mit Toiletten; jeweils 6,55 AUD p. P. (ab 5 J.); Onlinebuchung: www.qld.gov.au/camping ⇨ camping
- % *Debbie's Place*: privat geführte, kleine Unterkunft mitten in Rainbow Beach zwischen dem Strand und der Tauchbasis; Zimmer ab 150 AUD; 28-32 Kurana Street, Rainbow Beach; www.rainbowbeachaccommodation.com.au; Tel.: +61 7 5486 3506

***Achtung*:** Aufgrund der Tiefe und teilweise starker Strömung am Wolf Rock sollte man schon etwas Taucherfahrung mitbringen.

Rochen

Sunshine Coast und Hinterland

21. Great Beach Drive: Spritztour über einen Highway aus Sand
22. Noosa Everglades: Paddeln auf Wolken
23. Noosa Heads: Surfspaß für Anfänger und Profis
24. Noosa National Park: Koalas und Feenbecken
25. Mapleton National Park und Mapleton Falls National Park: Kontrastprogramm für Strandurlauber
26. Conondale National Park: Ein bisschen fernwandern
27. Kondalilla National Park: Auszeit im Dschungel
28. HMAS Brisbane Wrack: Vom Kriegsschiff zum Korallenriff
29. Mooloolaba: Schnorcheln mit Buckelwalen
30. Caloundra Coastal Pathway: Immer der Küste entlang

Perfekte Surfwellen am Hauptstrand von Noosa Heads

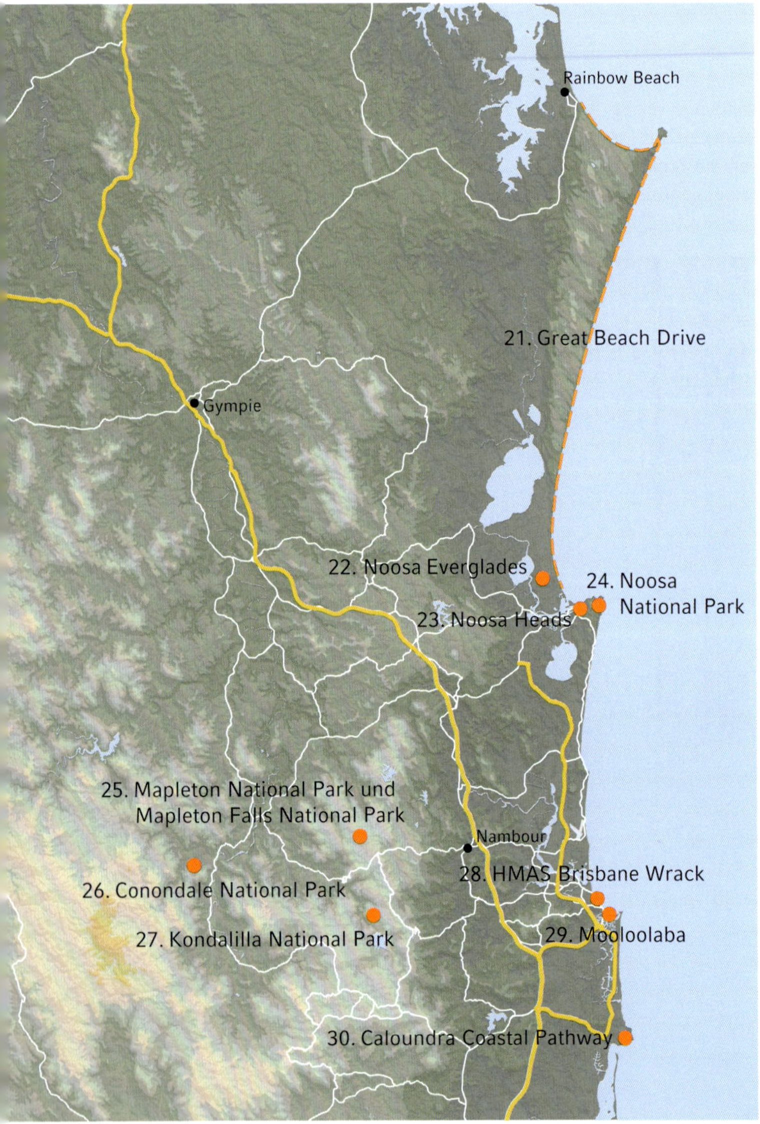
Rainbow Beach
21. Great Beach Drive
Gympie
22. Noosa Everglades
24. Noosa National Park
23. Noosa Heads
25. Mapleton National Park und Mapleton Falls National Park
Nambour
28. HMAS Brisbane Wrack
26. Conondale National Park
27. Kondalilla National Park
29. Mooloolaba
30. Caloundra Coastal Pathway

21. Great Beach Drive: Spritztour über einen Highway aus Sand

Auf der einen Seite farbige Sanddünen, auf der anderen Seite das dunkle Blau des Ozeans – der erste Teil des Great Beach Drive zwischen Noosa Northshore und Rainbow Beach ist ein ungewöhnlicher Fahrspaß auf einem offiziellen Highway, bei dem man immer die Gezeiten im Blick haben muss.

Auf dem 40 Mile Beach

Der komplette, über 300 Kilometer lange Great Beach Drive schlängelt sich von Noosa North Shore über Rainbow Beach, Fraser Island, Hervey Bay, Maryborough und Tin Can Bay zurück nach Rainbow Beach. Trotz seines Namens fährt man jedoch nur auf zwei Abschnitten wirklich über Strände: von Noosa North Shore nach Rainbow Beach, und auf dem 75 Mile Beach auf Fraser Island.

Die erste Etappe von Noosa North Shore nach Rainbow Beach (alias Cooloola Coast), ist im Vergleich zur gut 110 Kilometer langen Variante über den Bruce Highway eine Abkürzung – doch sollte man sich für die etwas über 50 Kilometer lange Strecke trotzdem genug Zeit nehmen. Zu viele kleine Sehenswürdigkeiten finden sich entlang der Piste, und Fahren auf Sand folgt seinen eigenen Regeln. So ist es zwingend erforderlich sich vorab über die Gezeiten zu informieren, da nur zur Ebbe (± 2 Stunden) genügend harter Sand zum sicheren Fahren existiert. Außerdem sollte man seinen Reifendruck senken, wissen wie man die Allradfunktionen seines Wagens nutzt, sich an das Geschwindigkeitslimit halten sowie keine abrupten Manöver machen. Und auch wenn die Strecke ein offizieller Highway ist, muss man hier immer mit ungewöhnlichen Hindernissen rechnen: Sandburgen bauende Kinder, dösende Sonnenanbeter, träumende Angler, Raum einnehmende Camper und wild parkende Autos – aber immerhin gibt es keine Ampeln!

Ab Noosa North Shore führt der über 40 Kilometer lange erste Abschnitt entlang des Teewah Beach, auch bekannt als 40 Mile Beach. Hier findet man neben wunderbarer Szenerie auch den Red Canyon, eine kleine Schlucht in den Dünen, mit Wänden aus rotem und gelbem Sand.

Farbige Kliffs entlang der Strecke

Am nördlichen Ende kommt man zu Double Island Point, von dessen Leuchtturm aus man von Juni bis November vorbeiziehende Buckelwale im Meer sehen kann. Spätestens hier sollte man noch einmal die Gezeiten checken, da am Ende des zehn Kilometer langen Strands nach Rainbow Beach die berühmt-berüchtigten Mudlo Rocks warten. Diese Felsen verringern die ohnehin schon schmale Piste noch einmal und zwingen unbedarfte Autofahrer in den eventuell bereits zu weichen Sand am Wasserrand – was fatale Folgen haben kann, wie man an der Wall of Shame im Rainbow Beach Hotel sehen kann (im Durchschnitt schaffen 40 Autos pro Jahr diese Passage nicht). Ist man bereits zu spät dran, sollte man also lieber auf Nummer sicher gehen und neun Kilometer zurück zur Freshwater Camping Area fahren, von wo aus ein 15 Kilometer langer Inlandstrack namens Freshwater Road nach Rainbow Beach führt.

Erlauben einem die Gezeiten eine Fahrt auf dem Strand, so führt der zweieinhalb Kilometer südlich von Double Island Point liegende Leisha Track auf die andere Seite. Hier kann man je nach verfügbarer Zeit Surfer auf der längsten rechts brechenden Surfwelle der Welt beobachten, in den sandigen Gezeitenbecken der Honeymoon Bay schwimmen oder einfach direkt unterhalb der steilen Kliffs namens Coloured Sands mit ihren zahlreichen Farbnuancen von weiß über gelb, orange, rot und pink entlang fahren.

Eine erfolgreiche Bewältigung dieser abenteuerlichen Strecke lässt sich am besten mit einem traumhaften Sonnenuntergang von der riesigen Carlo Sand Blow bei Rainbow Beach feiern.

Double Island Point ist ein idealer Raststop mit Aussicht.

Kurze Wanderpausen bieten satte Kontraste.

Auf der Carlo Sand Blow lässt sich der Sonnenuntergang genießen.

Info

Lage: nördlich der Sunshine Coast zwischen Noosa North Shore und Rainbow Beach

Anfahrt: Von Tewantin aus nimmt man die Moorindil Street nach Norden und setzt mit *Noosa North Shore Ferries* (ca. alle 10 min; sonntags bis donnerstags von 5:30–22:20 Uhr, freitags und samstags 5:30–00:20 Uhr; 7 AUD pro Auto bis 5,7 m inkl. Passagiere; www.noosacarferries.com; Tel.: +61 7 5447 1321) über den Noosa River. Über die Maximillian Road und die Beach Road erreicht man nach 5,3 km den Strandzugang Third Cutting.

Achtung: Ein Geländewagen ist zwingend erforderlich, und vor Abfahrt sollte man unbedingt die Gezeiten checken, da man nur bei Ebbe (± 2 h) auf dem Strand fahren kann.

Öffnungszeiten: immer

Eintritt: nichts (außer Geländewagen-Genehmigung: www.qld.gov.au/camping ⇨ vehicle permit, 12,95 AUD pro Tag)

Aktivitäten: Geländewagen fahren, Wandern, Tierbeobachtungen, Baden

Unterkünfte:

- QPWS Campingplätze *The Oaks*, *S.S. Dorrigo*, *M.V. Natone*, *M.V. Beagle* und *M.V. Sarawak*: sehr einfache und wildromantische, nur mit dem Geländewagen erreichbare Plätze am Strand der Inskip Peninsula ohne Strom, Wasser und Duschen aber mit Toiletten; jeweils 6,55 AUD p. P. (ab 5 J.); Onlinebuchung: www.qld.gov.au/camping ⇨ camping
- *Noosa North Shore Retreat & Tourist Park*: große Anlage am Ostufer des Lake Cooroibah; Camping ab 32 AUD, Zimmer ab 150 AUD (jeweils mind. 2 Nächte) und Hütte ab 170 AUD; 1 Beach Road, Noosa North Shore; www.noosanorthshoreretreat.com.au; Tel.: +61 7 5447 1225
- % *Debbie's Place*: privat geführte, kleine Unterkunft mitten in Rainbow Beach; Zimmer ab 150 AUD; 28-32 Kurana Street, Rainbow Beach; www.rainbowbeachaccommodation.com.au; Tel.: +61 7 5486 3506

***Achtung*:** Wegen der Nähe zur Sunshine Coast ist es empfehlenswert, die Strecke nicht an Wochenenden oder zu Ferienzeiten zu fahren.

22. Noosa Everglades: Paddeln auf Wolken

Unter Insidern werden die Noosa Everglades als bestgehütetes Geheimnis der Sunshine Coast gehandelt – dabei sind sie neben dem großen Bruder in Florida die einzigen Everglades weltweit und sollten allein schon dadurch weltbekannt sein. Doch wer das über 80 Kilometer lange Netz an Wasserwegen durch dieses einmalige Feuchtgebiet erkundet, wird froh sein, dass dem nicht so ist.

Die Noosa Everglades aus der Vogelperspektive

Um richtig in die Welt der Everglades einzutauchen, sollte man am besten einen mehrtägigen Trip mit Campingnächten entlang des Oberlaufs des Noosa River planen. Dieser schlängelt sich versteckt hinter Dünen und Mangroven parallel zur Küste nach Norden. Der Ausgangspunkt für geführte oder selbstständige Paddeltouren in diese unberührte Wildnis ist das Westufer des Lake Cootharaba, über den eine Schneise durch Seerosen an sein Nordende führt. Mit etwas Glück kann man hier Dugongs erspähen – eine sehr scheue, bis zu vier Meter lange Seekuhart, die sich vor allem von Seegras ernährt.

Am nördlichen Ende des Salzsees findet man das auf Stelzen gebaute Kinaba Information Centre und einen kurzen Bohlenweg durch die Mangroven, mit vielen Infos zur Flora und Fauna der Everglades.

Paddeln in den Noosa Everglades ist ein Riesenspaß für die ganze Familie.

Diese sind eines der vielfältigsten Ökosysteme Australiens, das aus Süß-, Brack- und Salzwasserseen und -flüssen, Mooren, Heidelandschaft und Küstenfeuchtgebieten besteht und über 40 Prozent der Vogelarten des Kontinents beherbergt.

Je nachdem wie viel Zeit man mitgebracht hat, bietet es sich an, nach der ersten engen Passage zwischen dem Festland und Kinaba Island einen Abstecher nach links in den Kin Kin Creek zu machen. Oder man folgt der Hauptroute und paddelt zwei Kilometer über den Fig Tree Lake zum ersten von elf Campingplätzen innerhalb der Everglades, dem Fig Tree Point. Hier kann man eine kleine Pause einlegen und sich auf dem 500 Meter langen Melaleuca Circuit durch den Wald seine Beine vertreten.

Wer Lust und Zeit hat, kann noch einen Ausflug auf das Brackwasser des Lake Como hinhängen, oder aber man zweigt gleich in The Narrows des Noosa River ab. Hier schützen Bäume den nur wenige Meter breiten Fluss so sehr vor Wind, dass das dunkelgefärbte Wasser vor allem morgens und abends spiegelglatt vor einem liegt und man meint, man paddle auf Wolken. Fünf Kilometer nach Fig Tree Point erreicht man Harrys Camping and Day Use Area, wo sich ein altes Holzfällerlager aus verrostetem Wellblech aus den 1950er-Jahren befindet. Wer seine Beine endlich wieder richtig benutzen möchte, der sollte noch knappe acht Kilometer weiter bis zur Camp Site 3 durchhalten. Sie ist Startpunkt für die sechs Kilometer lange Wanderung zum Cooloola Sandpatch, der mit 220 Metern höchsten Küstendüne des Landes, die eine einmalige Sicht auf den Ozean und die Sumpflandschaft landeinwärts bietet.

Flussaufwärts von Camp Site 3 sind die laut motorisierten Boote der Tagestouranbieter nicht mehr erlaubt. Die Stille hier macht Paddeln zu einem friedlichen Erlebnis – man hört plötzlich nur noch bezaubernde Vogelgesänge, ins Wasser plumpsende Goannas und surrende Libellen. Kein Wunder, dass man auf den verbleibenden 13 Kilometern bis zur Camp Site 15 schon mal das Gefühl für Zeit verliert.

Auf dem Rückweg muss man sich auf dem Lake Cootharaba vor seinen berühmt-berüchtigten Südwinden in Acht nehmen. Da diese im Laufe des Tages zunehmen, sollte man sich entweder vorab ein Wassertaxi ab dem Kinaba Information Centre organisieren, oder man versucht so früh wie möglich am Morgen zurück zu paddeln.

Am frühen Morgen lässt sich die Stille am Noosa River besonders schön genießen.

Info

Lage: 15 bis 35 km nördlich von Noosa Heads und 20 bis 40 km südlich von Rainbow Beach

Anfahrt:

- Von Noosa aus geht es über den McKinnon Drive und Louis Bazzo Drive nach Norden zur Einstiegsstelle am Boreen Point oder weiter auf der Lake Flat Road zu Elanda Point.

- Von Rainbow Beach aus fährt man am besten bis nach Gympie, nimmt den Bruce Highway bis Exit 253 und fährt durch Traveston, Cooran und Pinbarren über die Pomona Kin Kin Road und den Louis Bazzo Drive wieder zu den beiden möglichen Startpunkten.

Öffnungszeiten: immer

Eintritt / Aktivitäten: Tierbeobachtungen, Kajak-/Kanufahren mit Equipment von einem der folgenden Anbieter:

- % *Kanu Kapers Australia*: geführte Trips oder nur Ausrüstung; Startpunkt am Elanda Point; geführte Halbtages-/Tages-/2-Tages-/3-Tagestouren 155/189/495/695 AUD Erwachsener bzw. 95/105/495/695 AUD Kind bis 16 J., selbstgeführte Tages/2-Tages/3-Tagestouren 99/198/265 AUD p. P. inkl. *camping permits* für den Nationalpark; 11 Toolara Street, Boreen Point; www.kanukapersaustralia.com; Tel.: +61 7 5485 3328

  % *Lake Escapades*: geführte Trips oder nur Ausrüstung; Startpunkt am Boreen Point oder Elanda Point; selbstgeführte Tagestour/2-Tages-/3-Tagestour 55/115/135 AUD p. P. (mind. 2 Pers.); 81 Lake Flat Road, Boreen Point; www.lakeescapades.com.au; Tel: +61 7 5641 4473

***Achtung*:** Aufgrund potenziell gefährlicher Bullenhaie sollte man weder in den Seen noch in den Flüssen der Noosa Everglades schwimmen gehen.

Unterkünfte:

- QPWS Campingplätze *Fig Tree Point*, *Harrys*, *camp sites 1*, *2*, *3*, *4*, *5*, *8*, *9*, *13*, *15*: sehr einfache Plätze ohne Strom, entlang des Noosa River; bis auf die ersten beiden alle ohne Wasser und Toiletten; jeweils 6,55 AUD p. P. (ab 5 J.); Onlinebuchung: www.qld.gov.au/camping ⇨ camping
- % *habitatnoosa everglades ecocamp*: großer Campingplatz am Elanda Point; Camping ab 15 AUD p. P. und Safarizelt ab 130 AUD; 204 Lake Flat Road, Elanda Point; www.habitatnoosa.com.au; Tel.: +61 7 5485 3165
- *Boreen Point Campground*: kleiner Campingplatz direkt neben dem Dorf am Boreen Point; Camping ab 29 AUD; 1 Esplanade, Boreen Point; www.noosaholidayparks.com.au/boreen-point; Tel.: +61 7 5485 3244

***Achtung*:** Keine Einkaufsmöglichkeiten in den Everglades – Besucher müssen alles Nötige wie Essen, Wasser, etc. selbst mitbringen. Mitgebrachter Müll muss wieder mitgenommen werden.

23. Noosa Heads: Surfspaß für Anfänger und Profis

Surfen ist ein Lebensgefühl an der Ostküste Australiens. Wer bisher meinte, dies sei nur etwas für junge und coole Leute, wird sich wundern. Sobald es ihre Zeit erlaubt, treffen sich die Menschen hier generationenübergreifend, um miteinander Wellen zu reiten. Und wer diese sportliche Seite des „Aussie-Lifestyle" selbst ausprobiert, wird verstehen, warum.

Main Beach in Noosa Heads

Wer die Küste Australiens entlangwandert, wird sich schon öfters gewundert haben, warum an bewachten Strandabschnitten Surfbretter griffbereit neben den Hochsitzen der Lebensretter im Sand liegen. Sie sind nicht etwa dazu da, dass sich die Freiwilligen der Surf Life Savings Clubs (SLSC) die Zeit vertreiben können, sondern werden dazu verwendet, um möglichst schnell und sicher zu Ertrinkenden im Wasser zu gelangen und ihnen Halt zu geben. Es gibt hunderte dieser SLSCs entlang der Küste, und oft bieten sie neben Lebensrettung auch Strandpatroullien, kostenlose Schwimmbecken und ein Restaurant oder eine Bar. Sie gehören zur Kultur des Landes und verbinden ein Lebensgefühl mit einer Gemeinschaft, die ihresgleichen sucht.

Surfen lässt sich in jedem Alter lernen.

Wer aus dem Süden kommt und bisher immer sehnsüchtig den Surfern bei ihren Ritten auf dem Meer zuschaute, der sollte sich sputen auf ein Brett zu kommen. Noosa Heads zählt schon als der nördlichste aller guten Surfspots entlang der Ostküste, da ab hier die Wellen immer niedriger und die Tiere im Wasser immer gefährlicher werden. Die stetigen Wellen am Main Beach in Noosa Heads sind perfekt für alle Levels, das Wasser flach und angenehm warm, und der Sandstrand erlaubt leichten Zugang.

Trockenübungen an Land

Als Anfänger macht man am besten erst einmal einen Einsteigerkurs in der Gruppe oder privat, um die *basics* zu lernen. Zu Beginn bekommt man gleich ein sehr großes, aber relativ weiches und leicht zu reitendes *longboard* in die Hand gedrückt. Bei einer Einführung am Strand lernt man die Grundfertigkeiten wie Paddeln, Aufstehen und den richtigen Stand, bevor es dann ins Wasser geht. Überrascht wird man dann erst einmal feststellen, dass der schwierigste Part darin besteht, zu den Wellen selbst zu gelangen, da der Ozean einen immer wieder an Land spülen will. Hat man sich jedoch erfolgreich durchgekämpft, beginnt der Spaß.

Keine Angst: Zu Beginn stürzt man sich noch nicht in die richtigen Wellen, sondern probiert erst einmal, das Weißwasser zu surfen, das sich bildet, wenn eine Welle bereits gebrochen ist. Selbst diese Ausläufer lassen einen jedoch noch die Wucht des Wassers spüren, und die ersten Versuche werden einen höchstwahrscheinlich kopfüber ins Nass katapultieren. Doch mit etwas Übung und kräftigem Anpaddeln schafft man es ziemlich schnell auf dem Board zu stehen, und man spürt das Adrenalin durch seinen Körper rauschen. Wie lange, bleibt eine Frage der Balance ... doch die meisten schaffen es innerhalb des ersten Kurses bereits für einige Zei tund genießen das Erfolgserlebnis so sehr, dass sie gleich weitermachen wollen.

Dabei sollte man jedoch vorsichtig sein, da gerade am Anfang viele Muskelpartien in Anspruch genommen werden, die man sonst selten nutzt. Zudem gehören blaue Flecken durchs Rutschen auf dem harten Board zum Programm. Am besten macht man einen Anfängerkurs, schaut, wie es einem gefällt und lässt dann seinen Körper sich für ein oder zwei Tage erholen, bevor man es wieder anpackt. Dann kann man entweder weiterführende Kurse machen oder man leiht sich nur ein Board und übt selbst.

Fortgeschrittene Surfer paddeln aufs Wasser hinaus.

Surfer am Strand

Info

Lage: am Main Beach von Noosa Heads

Anfahrt: Der Main Beach liegt parallel zur Touristenmeile Hastings Street und dem anschließenden Claude Batten Drive.

Öffnungszeiten / Eintritt / Aktivitäten: Surfen

- % *Merrick's Noosa Learn to Surf*: täglich von 9–16 Uhr; Surfboardleihe ab 20/30 AUD für 1 /2 h, 65/165 AUD für 2 h Gruppen-/Privatkurs (Schwimmer ab 7 J., Gruppenkurse mit max. 8 Leuten, 2-mal täglich um 9:30 und 13:30 Uhr, Privatkurse um 11:15); Beach access 14, Claude Batten Drive, Noosa Heads; www.learntosurf.com.au; Tel.: +61 4 1878 7577
- *Go Ride a Wave/Noosa Surf Lessons*: täglich von 9–16 Uhr; Surfboardleihe ab 20/30 AUD für 1 /2 h, 69/200 AUD für 2 h Gruppen-/Privatkurs (Schwimmer ohne Altersbeschränkung wenn Eltern dabei sind, Gruppenkurse 2-mal täglich um 10 und 14 Uhr, Privatkurse jederzeit, Surfboardleihe für den restl. Tag 20 AUD); Beach access 11 (Kurse) und 14 (Verleih), Claude Batten Drive, Noosa Heads; www.noosasurflessons.com.au; Tel: +61 4 0018 2614

24. Noosa National Park: Koalas und Feenbecken

In einer der am dichtesten besiedelten Küstenregionen der Ostküste sind Schutzgebiete wie der Noosa National Park ein wertvoller und dicht besiedelter Rückzugsort für zahlreiche Tiere. Kein Wunder also, dass man hier seltene und bedrohte Arten wie Koalas und Braunkopfkakadus, aber auch Delfine und Schildkröten an unberührten Stränden sehen kann.

Koala

Der Noosa National Park besteht aus vier nicht miteinander verbundenen Sektionen: Headland, Peregian, Emu Mountain und East Weyba. Nur die ersten drei sind erschlossen und die beliebteste davon ist ohne Frage die Headland Section mit ihrem Klassiker, dem Coastal Walk.

Über fünf Kilometer zieht er sich von Noosa Heads bis Sunshine Beach entlang einer der schönsten Küsten Queenslands mit zahlreichen naturbelassenen Stränden, die je nach Wellengang ideal zum Surfen oder Schwimmen sind. Schon nach kurzer Zeit erreicht man Boiling Pot und wenig später Dolphin Point, welche beide perfekte Aussichtspunkte sind, um Delfine und Schildkröten sowie von Juni bis November vorbeiziehende Buckelwale zu sehen. Zwischen den beiden liegt die Tea Tree Bay, die bekannt ist für ihre Bäume voll Koalas. Nur eine Bucht weiter findet man zwei traumhafte, kleine Strände: Winch Cove und Picnic Cove. Ist man an Letzterer vorbei, kann man (bevor der Hauptweg scharf nach rechts biegt) neben einer Bank einen kleinen Pfad finden, der mit etwas Kletterei zu zwei versteckten Felsenbecken führt. Das linke, kleinere der beiden ist nur bei Ebbe vom Meer abgeschnitten und zugänglich, im größeren kann man je nach Dünung auch teilweise bei Flut baden. Am besten bringt man seine Schnorchelausrüstung mit, da in dem klaren Wasser dieser Fairy Pools auch Korallen gedeihen.

Auf dem Weg nach Süden führt der Hauptpfad zum Hell's Gate – und beim Blick in das oft brodelnde Wasser weiß man, woher der Name kommt. Anschließend geht es steil hinab zum langen Sandstrand der Alexandria Bay. Ist einem dieser noch nicht einsam genug, gibt es einen nicht ausgeschriebenen Strand 400 Meter weiter. Zu diesem führt allerdings nur ein kleiner Trampelpfad, der etwas Kletterei erfordert. Ein letzter Geheimtipp findet sich kurz vor Ende: Auf dem finalen Abstieg zum Sunshine Beach führt auf dem Rücken der letzten Landzunge ein nicht markierter Weg zu den Felsen am Meer. Bei ruhiger See und Ebbe kann man hier die südliche Höhle der Paradise Caves erkunden.

Hell's Gate

Neben dem traumhaften Coastal Walk gibt es noch mehrere ruhige Wanderungen durch die Wälder der Headland Section wie zum Beispiel den Tanglewood Track, Alexandria Bay Walk, Noosa Hill Track oder Palm Grove Walk. Je nach Lust und Laune kann man damit den Klassiker erweitern oder abkürzen.

Tea Tree Bay und Winch Cove

Weniger bekannt und deutlich kleiner, aber nicht minder schön als die Headland Section sind die beiden anderen zugänglichen Sektionen. In der Peregian Section führt ein 500 Meter langer Weg an Teebäumen, Riedgras und Heide vorbei über Dünen zu einem wilden Strandabschnitt, den man entweder einen Kilometer nach Norden oder Süden entlang laufen kann, ohne bewohntes Gebiet zu erreichen. Dementsprechend einsam und ruhig ist es hier.

Vor allem im australischen Winter und Frühling – wenn die Wildblumen und sogar manche Bäume blühen – lohnt sich ein Ausflug in die Emu Mountain Section. Dann strömen Bienen, Schmetterlinge, Papageien und Honigfresser in Scharen herbei und laben sich an dem Nektar. Am besten sieht man dieses Schauspiel auf den jeweils einstündigen Wanderungen Hakea Walk und Emu Mountain Summit Walk.

Info

Lage: zwischen Noosa Heads und Peregian Springs

Anfahrt:

- Den Hauptparkplatz der Headland Section rechts des Main Beach von Noosa Heads erreicht man über den Noosa Drive und die Park Road.
- Die Peregrin Section hat einen eigenen Parkplatz am David Low Way 3 km nördlich von Coolum Beach bzw. 3 km südlich von Peregian Beach.
- Die Emu Mountain Section hat keinen eigenen Parkplatz, stattdessen stellt man sein Auto einfach am westlichen Ende der Havana Road East ab. Der Eingang zum Emu Summit Walk befindet sich links von dem Punkt wo sich die Straße aufteilt. Den Hakea Walk erreicht man über den betonierten Fußweg, der beginnt wo die Havana Road East eine abrupte Kurve nach rechts macht. Nach bereits 50 m muss man den gut ausgebauten Weg verlassen und nach links abbiegen.

Öffnungszeiten: immer

Eintritt: nichts

Aktivitäten: Wandern, Tierbeobachtungen, Baden

***Achtung*:** Wegen der Lage an der Sunshine Coast ist es empfehlenswert, den Park nicht an Wochenenden oder zu Ferienzeiten zu besuchen. Da keiner der Strände überwacht ist, sollte man nur bei wenig Wellengang ans oder ins Wasser gehen und dabei im Flachwasser bleiben, da es teilweise starke, versteckte Strömungen gibt.

25. Mapleton National Park und Mapleton Falls National Park: Kontrastprogramm für Strandurlauber

Unweit der sonnenverwöhnten Sunshine Coast befinden sich im nördlichen Teil der Blackall Range zwei nah beieinander liegende Schutzgebiete, die frische Bergluft und beeindruckende Aussichten versprechen. Zahlreiche Bäche und Wasserfälle, Wanderwege und Geländewagenpisten sind ein perfektes Beispiel für die Diversität Queenslands innerhalb weniger Kilometer.

Gheerulla Valley

Der Beginn zu den meisten Wanderungen im deutlich größeren der beiden Parks, dem Mapleton National Park, ist die Mapleton Day Use Area im Südosten. Der neun Kilometer lange Kureelpa Falls Circuit führt zu einer wunderschönen Wasserkaskade und der fast ebenso lange Turpentine Trail geht durch feuchten Eukalyptuswald. Wer sich ein wenig umschaut, sollte hier große Terpentinbäume finden, die leicht an ihrer tief gefurchten, braunen Rinde erkannt werden können. Zerreibt man ihre Blätter, wird einen ihr Duft unweigerlich an die letzte Pinselreinigung erinnern. Eine schöne Tour durch den Südwesten des Parks bietet der fast sieben Kilometer lange Piccabeen Circuit, der mehrfach einen Bach überquert und entlang dessen man in Regenwaldinseln mit Palmen und Farnen eintaucht.

Ist man mit einem Geländewagen unterwegs, bietet sich eine gemütliche Spazierfahrt durch den nordöstlichen Teil des Parks an. Auf der schmalen Mapleton Forest Road geht es unter teilweise riesigen und schattenspendenden Eukalyptusbäumen nach gut sieben Kilometern zum palmenreichen Bonyee Walk, der nur 400 Meter lang ist und einen interessanten Einblick in die Geschichte der Ureinwohner der Gegend bietet. Diese veranstalteten in der Vergangenheit alle drei Jahre das Bonyee Festival, um die Massenernte der fußballgroßen Zapfen der Bunya-Bunya-Bäume mit den Nachbarstämmen zu feiern. Wenige hundert Meter weiter biegt die Cooloolabin Road ab, entlang derer ein kleiner Stausee die perfekte Kulisse für ein Picknick bietet. Anschließend nimmt man die Buckby Road für dreieinhalb Kilometer und dann die Point Glorious Lookout Road, um zum gleichnamigen Aussichtspunkt nach weiteren drei, gut ausgeschilderten Kilometern zu kommen. Von hier bietet sich von zwei Plattformen aus ein toller Blick über Täler und Berge der Umgebung.

Möchte man einen Teil des 58 Kilometer langen Sunshine Coast Hinterland Great Walk gehen, der sich durch die Blackall Range und auch durch den Mapleton National Park und den Mapleton Falls National Park zieht, so kann man entweder eine zweitägige Tour mit Übernachtung im Busch beim Thilba Thalba Walkers' Camp planen oder eine Tagestour zu den Gheerulla Falls machen. Für letztere Option geht man die nördliche Hälfte des Piccabeen Circuit bis auf der rechten Seite des Pfades ein Schild mit der Aufschrift „Great Walk" auftaucht. Dem folgt man am Ubajee Walkers' Camp vorbei und wählt an der nächsten Weggabelung den linken Pfad zu den Wasserfällen.

Mapleton Falls

Der kleine Mapleton Falls National Park findet sich südlich des Mapleton National Park und bietet als Highlight die gleichnamigen Wasserfälle, die 120 Meter gleich neben dem Parkplatz in die Tiefe rauschen. Um hierher zu gelangen, fährt man entweder von der Mapleton Day Use Area sieben Kilometer mit dem Auto, oder man wandert. Dabei geht man zuerst den südlichen Piccabeen Circuit für fast einen Kilometer bis zum ausgeschriebenen Sunshine Coast Hinterland Great Walk, dem man dann in den Süden folgt. Durch subtropischen Regenwald und eine kleine Siedlung erreicht man den Mapleton Falls National Park, und der Wompoo Circuit bringt einen wenige hundert Metern später zu den beeindruckenden Wasserfällen.

Info

Lage: 25 km westlich der Sunshine Coast

Anfahrt:

- Um zum Mapleton National Park zu gelangen, nimmt man in Mapleton für wenige Meter die Obi Obi Road um dann auf die Delicia Road abzubiegen. Nach 500 Metern fährt man auf die in den Norden führende Mapleton Forest Road und erreicht 2,5 km später die Day Use Area.
- Den Mapleton Falls National Park erreicht man mit dem Auto von Mapleton aus über 3 km auf der Obi Obi Road und die dann abbiegende Mapleton Falls Road.

Öffnungszeiten: immer

Eintritt: nichts

Aktivitäten: Wandern, Tierbeobachtungen, Baden

Unterkünfte:

- *Lilyponds Holiday Park*: großer Campingplatz neben einem Park mit Seerosenteichen direkt in Mapleton; Camping ab 40 AUD (mind. 2 Nächte), Zimmer ab 70 AUD und Hütte ab 120 AUD; 26 Warruga Street, Mapleton; www.lilyponds.com.au; Tel: +61 7 5445 7238
- *Mapleton Falls Accommodation*: 4 Apartments in einem großen Haus, direkt an den Mapleton Falls National Park angrenzend; Apartment ab 130 AUD; 52 Mapleton Falls Road, Mapleton; www.mapletonfalls.com.au; Tel.: +61 4 6723 7636

***Achtung*:** Mitgebrachter Müll muss wieder mitgenommen werden. Wegen der Nähe zur Sunshine Coast ist es empfehlenswert, die Parks nicht an Wochenenden oder zu Ferienzeiten zu besuchen.

26. Conondale National Park: Ein bisschen fernwandern

Der Conondale Range Great Walk führt durch die dichten Wälder des Conondale-Gebirges vorbei an kaskadenförmigen Wasserfällen, glasklaren Bächen, tiefen Schluchten, einer verlassenen Goldmine und einem aktiven Feuerwachturm. Doch selbst wem die mehrtägige Wanderung zu anstrengend ist, der kann zumindest Teile davon zu Fuß oder mit dem Geländewagen bestreiten.

Der Track ist einer der schönsten Fernwanderwege Queenslands und praktischerweise auch noch ein Rundweg, der an der Booloumba Creek Day Use Area in der Nähe des Parkeingangs beginnt und endet. Die 56 Kilometer lange Wanderung ist auf vier Tage ausgelegt und bietet drei sehr einfache Buschcampingplätze mitten im Dschungel.

Doch auch Tagesausflügler kommen auf ihre Kosten, indem sie Teile der ersten Etappe erkunden. Dafür geht es entlang des Booloumba Creek eine gute Stunde lang durch wunderbaren Regenwald mit großen Araukarien, tropischen Palmen, Würgefeigen mit imposanten Brettwurzeln und verschlungenen Lianen über einen kleinen Abstecher zu einer stillgelegten Goldmine aus den 1920er-Jahren. Sechzig Meter lang ist der Tunnel, der hier in den Berg führt, doch aus Sicherheitsgründen und um die darin lebenden Fledermäuse nicht zu stören, ist der Eingang mit einem Gitter versperrt.

Wer Lust auf mehr bekommen hat, kann den Hauptpfad weiter wandern und kommt über einen weiteren kleinen Umweg zu dem Kunstwerk Strangler Cairn des international tätigen Künstlers Andy Goldsworthy, der sich auf vergängliche Kunst in der Natur spezialisiert hat. Aus zahllosen Steinblöcken hat er einen dreieinhalb Meter hohen Obelisken errichtet, auf dessen Spitze er eine Würgefeige pflanzte, die im Laufe der Zeit mit ihren Wurzeln ihre Basis bedecken und „strangulieren" soll.

Von dem Kunstwerk aus braucht man maximal eine weitere Stunde, um entlang der Booloumba Creek Gorge zum Highlight dieses Tagesausflugs zu kommen. Die Artists Cascades bieten einen traumhaften, breiten Wasserfall, der sich in ein großes Becken ergießt und ideal ist, um sich ein kühles Bad zu gönnen. Für fleißige Wanderer auf dem Conondale Range Great Walk ist es allerdings noch nicht die letzte Möglichkeit,

Booloumba Creek am Mount Allen Trail

zu duschen, denn vor dem Ende ihrer ersten Tagesetappe passieren sie etwas später die Booloumba Falls.

All jene, die am Abend wieder am Startpunkt zurück sein möchten, sollten nicht weiter als bis zu den Artists Cascades gehen. Stattdessen empfiehlt es sich, am nächsten Tag mit dem Geländewagen zehn Kilometer auf der Booloumba Creek Road Richtung Südwesten zu fahren, das Fahrzeug auf dem ausgewiesenen Parkplatz abzustellen und von dort aus die eineinhalb Kilometer zum Booloumba Falls Lookout zu wandern. Von der Plattform aus sieht man The Breadknife, eine Felsenzinne am Zusammenlauf von Peters Creek und Booloumba Creek, doch die wahren Glanzpunkte sind das große Wasserbecken, die malerischen Kaskaden und Wasserfälle, die man über Stufen am Ende des Weges erreicht.

Kristallklares Wasser lädt zum Baden ein.

Wer nicht wie die Mehrtageswanderer in den Genuss der Felsenbecken am Peters Creek, der mit Grasbäumen gesäumten Ufer des Summer Creek und der mehrstufigen Wasserfällen der atemberaubenden Summer Falls kommt, der kann zumindest einen kleinen Teil der letzten Tagesetappe des Fernwanderwegs zum Mount Allan in Angriff nehmen. Dabei wird die ingesamt elf Kilometer lange Wanderung von der Booloumba Creek Day Use Area mit einem grandiosen 360-Grad-Panorama von einem fast zehn Meter hohen und immer noch aktiven Feuerwachturm von 1954 gekrönt.

Info

Lage: 50 km westlich der Sunshine Coast

Anfahrt: Von Kenilworth kommend, biegt man nach 6 km auf der Maleny Kenilworth Road auf die Booloumba Creek Road ab, der man für 6,5 km (nicht mehr asphaltiert nach 3,5 km) durch zwei Bäche folgt, um zur Booloumba Creek Day Use Area zu gelangen.

***Achtung*:** Nur für Geländewagen mit viel Bodenfreiheit geeignet. Nach starkem Regen kann es sein, dass einige der Flussüberquerungen nicht machbar sind.

Öffnungszeiten: immer

Eintritt: nichts

Aktivitäten: Wandern, Tierbeobachtungen, Geländewagen fahren, Baden

Unterkünfte:

- QPWS Campingplatz *Booloumba Creek Area 4*: Standardplatz ohne Strom, aber mit Wasser und Toiletten, 1,5 km nach der Day Use Area am Fluss; 6,55 AUD p. P. (ab 5 J.); Onlinebuchung: www.qld.gov.au/camping ⇨ camping
- *Kenilworth Homestead*: weitläufiges Farmgelände in sanfter Hügellandschaft am Mary River; Camping ab 15/8 AUD Erwachsener/Kind 3–17 J., Vintage-Wohnwagen 120 AUD (mind. 2 Nächte) und Hütte 140 AUD (mind. 2 Nächte); 2760 Eumundi Kenilworth Road, Kenilworth; www.kenilworthhomestead.com.au; Tel.: +61 7 5440 0900

***Achtung*:** Mitgebrachter Müll muss wieder mitgenommen werden. Wegen der Nähe zur Sunshine Coast ist es empfehlenswert, nicht an Wochenenden oder zu Ferienzeiten den Park zu besuchen.

27. Kondalilla National Park: Auszeit im Dschungel

Wer nach etwas Abwechslung zum Sommer-Sonne-Strand-und-Meer-Programm der Sunshine Coast sucht, findet sie nur wenige Kilometer davon im Hinterland. Der warme, subtropische Regenwald und die offenen Eukalyptuswälder des Kondalilla National Park sind beliebt bei Vogelbeobachtern und Wanderern, die mit traumhaften Ausblicken und erfrischenden Felsenbecken belohnt werden.

Es gibt zwei Hauptzugänge zum Park, den Narrows Road Car Park im Südosten in der Nähe des Lake Baroon und den Kondalilla Falls Car Park im Osten des Parks in der Nähe der Ortschaft Flaxton. Letzterer ist der beliebtere und bietet zwei Rundwanderwege, die sich ideal auf einem zweieinhalbstündigen Ausflug miteinander kombinieren lassen. Am besten geht man zuerst eine beliebige Hälfte des gut ausgebauten Picnic Creek Circuit, der sich über einen kleinen rauschenden Bach durch Eukalyptus- und Regenwald windet. Auf halber Strecke findet sich ein Schild zum Kondalilla Falls Circuit, dem man folgt bis der Pfad sich kurz später wieder aufteilt. Der linke Weg führt zu einem sehr beliebten Felsenbecken mit einem kleinen Wasserfall, der rechte zu einer Aussichtsplattformen mit Blick auf die 80 Meter in die Tiefe stürzenden Kondalilla Falls – donnernd und spektakulär nach starken Sommerregen, sanft tröpfelnd in trockeneren Wintermonaten. Egal, welchen Weg man zuerst wählt, man sollte auf jeden Fall beim Zurückgehen den noch nicht begangenen nehmen (und somit einen Achter gehen), um die ganze Schönheit der Natur hier zu sehen.

Picnic Creek am Kondalilla Falls Circuit

Wer es lieber etwas ruhiger und wilder hat, dem sei der Zugang zum Park über den Narrows Road Car Park empfohlen. Dies ist gleichzeitig auch der südliche Anfangspunkt des 58 Kilometer langen Sunshine Coast Hinterland Great Walk, welcher auf vier Tagesetappen durch die Nationalparks Kondalilla, Mapleton Falls und Mapleton führt. Da es sich jedoch leider um keinen Rundweg handelt und einige kurze Abschnitte entlang von Straßen führen, macht es mehr Spaß kürzere Wanderungen entlang des offiziellen Tracks anstatt den ganzen zu gehen.

Obi Obi Creek

Das erste Stück der Wanderung führt eine halben Stunde lang entlang eines palmengesäumten Flusslaufes zum Narrows Lookout, von wo aus sich ein großartiger Blick über die gleichnamige Schlucht bietet. Geht man den Hauptpfad weiter, führt er durch lianenreichen Urwald, in dem man die Augen nach dem raren, kleinen Beutelfrösche aufhalten sollte, der seine Kaulquappen in Hüfttaschen mit sich herumträgt. Vom Baroon Lookout bietet sich dann nach einer weiteren halben Stunde ein wunderbarer Blick über die Obi Obi Gorge, den Baroon Pocket Dam und den Stausee. Hat man genug Zeit und Fitness mitgebracht, so ist ein Ausflug in die Schlucht hinunter ein Muss. Auf einem steilen und weniger gut ausgebauten Weg geht es unter Grasbäumen, Palmen und Urwaldriesen zum Auenwald am Obi Obi Creek. Gut vier Kilometer nach dem Baroon Lookout erreicht man Flat Rock, einen flachen Stein neben einem wunderbaren Felsenbecken, der zum Verweilen und Picknicken einlädt. Wer die Möglichkeit hat, am Kondalilla Falls Car Park abgeholt zu werden, kann die insgesamt fast zwölf Kilometer lange Wanderung einfach fortsetzen und kommt dann an den Parkhighlights im Osten vorbei, ansonsten markiert der Flat Rock den Umkehrpunkt für Tagesausflügler.

Felsenbecken am Kondalilla Falls Circuit

Wanderweg im Kondalilla National Park

Info

Lage: 25 km westlich der Sunshine Coast

Anfahrt:

- Den Kondalilla Falls Car Park erreicht man über die kurze Kondalilla Falls Road, die ca. 1 km südlich von Flaxton vom Flaxton Drive abbiegt.
- Zum Narrows Road Car Park gelangt man von Montvilles Main Street über 3 km Fahrt auf der Western Avenue und anschließenden 2 km auf der Narrows Road.

Öffnungszeiten: immer

Eintritt: nichts

Aktivitäten: Wandern, Tierbeobachtungen, Baden

Unterkünfte:

- *Lilyponds Holiday Park*: großer Campingplatz neben einem Park mit Seerosenteichen direkt in Mapleton; Camping ab 40 AUD (mind. 2 Nächte), Zimmer ab 70 AUD und Hütte ab 120 AUD; 26 Warruga Street, Mapleton; www.lilyponds.com.au; Tel.: +61 7 5445 7238
- *Montville Mountain Inn Resort*: hübsches Fachwerkhaus mit 26 Zimmern nur wenige Kilometer vor dem Parkeingang mit Pool und Restaurant; Zimmer ab 145 AUD; 118 Main Street, Montville; www.montvilleinn.com.au; Tel.: +61 7 5442 9499

***Achtung*:** Mitgebrachter Müll muss wieder mitgenommen werden. Wegen der Nähe zur Sunshine Coast ist es empfehlenswert, den Park nicht an Wochenenden oder zu Ferienzeiten zu besuchen.

28. HMAS Brisbane Wrack: vom Kriegsschiff zum Korallenriff

Als einen der besten Wracktauchplätze der Welt bezeichnen Kenner das im flachen Gewässer vor der Sunshine Coast versenkte Wrack der HMAS Brisbane. Zur Freude von Tauchern lockt es mittlerweile so viele Fische an, dass sogar schon die Küstenwache ausrücken musste, um übereifrige Angler aus dem Schutzgebiet zu verbannen.

Der Zerstörer HMAS Brisbane lief 1966 in den Vereinigten Staaten vom Stapel und war für 35 Jahre im Dienst der Royal Australian Navy. Das 133 Meter lange Schiff war während dieser Zeit unter anderem zweimal in Vietnam und im Ersten Golfkrieg sowie auf zahlreichen Friedensmissionen in der ganzen Welt unterwegs. Im Jahr 2001 wurde es ausgemustert, und vier Jahre später versenkte man es kontrolliert drei Seemeilen vor Mooloolaba, um ein künstliches Riff zu schaffen, das fortan Tauchtouristen anlocken sollte.

Fische lieben die Verstecke im Inneren des Schiffs.

Zwar wurden die Brücke und einer der Geschütztürme entfernt (sie stehen heute vor dem Australian War Memorial in Canberra), doch viele kleine und größere Details, wie zum Beispiel Messgeräte und zwei Kanonen, blieben extra für Taucher erhalten. Damit auch nicht speziell ausgebildete Wracktaucher sicher das Schiff erkunden können, wurde die Hülle an mehreren Stellen aufgeschnitten, um zusätzliche Ein- und Ausgänge zu schaffen. Doch natürlich gibt es auch Bereiche, die den Profis vorbehalten sind und nur mit entsprechender Zertifizierung betaucht werden können.

Taucher auf dem Deck

Den Tauchplatz erreicht man in nur 15 Minuten Fahrt auf dem offenen Meer, und das bis zu 26 Grad Celsius warme Wasser lockt mit Sichtweiten von 15 bis 30 Metern. Nach dem Sprung ins Wasser lässt einen jeder Meter, den man tiefer hinab sinkt, mehr von dem komplett bewachsenen Wrack erkennen. Der Deckbereich beginnt in einer Tiefe von 15 Metern, und wer genau hinschaut, wird hier Skorpionfische und Nacktschnecken in allen Farben und Formen entdecken. Für sie wurde das Wrack im Laufe der Zeit ebenso zur Heimat wie für die vielen Schwämme, Weich- und Hartkorallen, mehr als 200 verschiedene Fischarten sowie für die Oktopusse, die es sich in den Bullaugen häuslich eingerichtet haben. Teilweise bedecken sogar so dichte Schwärme von Fischen das Wrack, dass man sie wie einen Vorhang teilen muss, um etwas zu sehen. Sobald man sich in das Wrack hinein begibt, werden die Geräusche des Meeres gedämpft, und im Schein der Taschenlampen kann man den riesigen Maschinen- und Heizraum, die engen Schlafkojen und Wohnräume sowie deren neue Bewohner entdecken. Zu denen gehören Glasfische, Federsterne und Langusten, die im Kontrollraum die Herrschaft übernommen haben. Je tiefer man taucht, desto größer scheinen die Tiere zu werden. Majestätisch schwebende Adlerrochen, Schildkröten, Königsmakrelen, Riesenzackenbarsche, Geigenrochen sowie Sandtigerhaie im Winter und Leopardenhaie im Sommer sind nur ein paar der Highlights entlang des sandigen Meeresgrundes. Und als wüssten sie, dass sie einen speziellen Ort brauchen, um noch hervorzustechen, kommen beim Sicherheitsstop am Schornstein in fünf Metern Tiefe oft große Fledermausfische heran und lassen sich von den aufsteigenden Luftblasen der Taucher kitzeln.

Wer nach zwei Tauchgängen tagsüber immer noch nicht genug von diesem einmaligen Erlebnis hat, der kann sich überlegen, ob er mutig genug ist, hierher auch nachts zurückzukommen – eine Möglichkeit, die nur wenige Male pro Jahr angeboten wird.

Info

Lage: 50 km nordöstlich von Brisbane und 50 km südlich der Sunshine Coast

Anfahrt / Öffnungszeiten / Eintritt: Per Tauchboot ab Mooloolaba mit einem der folgenden Anbieter in ca. 20 min:

- % *Sunreef Mooloolaba*: kleine Katamarane für bis zu 12 Passagiere, Tauchen ab 165 AUD (2 Tauchgänge), tägliche Abfahrt zw. 7:30 und 11:30 Uhr (siehe Webseite), ca. 5 h, inkl. Snacks, etwa alle 2 Wochen (Termine siehe Webseite) werden auch Nachttauchgänge angeboten (1 Tauchgang, Termine auf der Webseite, ab 99 AUD); The Wharf, 11/123 Parkyn Parade, Mooloolaba; www.sunreef.com.au; Tel.: +61 7 5444 5656
- % *Scubaworld*: komfortables Festrumpfschlauchboot für bis zu 18 Passagiere, Tauchen ab 169 AUD (2 Tauchgänge), jeden Montag, Mittwoch und Freitag bis Sonntag, je nach Tag Treffen zw. 6:45 und 11:30 Uhr (siehe Webseite), ca. 5 h, inkl. Snacks, wenige Tage im Jahr werden auch Nachttauchgänge angeboten (1-2 Tauchgänge, Termine auf der Webseite, ab 99 AUD); The Wharf, 11/123 Parkyn Parade, Mooloolaba; www.scubaworld.com.au; Tel.: +61 7 5444 8595

Aktivitäten: Tauchen

Anemonenfische vor einem Geschützturm des Wracks

29. Mooloolaba: Schnorcheln mit Buckelwalen

Während man in der Vergangenheit bis in die Südsee reisen musste, um mit Buckelwalen Schwimmen gehen zu können, gibt es seit einigen Jahren auch in Australien die Möglichkeit dieser einmaligen Begegnungen. Als Pionierstadt hierfür gilt bis heute Mooloolaba, welches im Herzen der Sunshine Coast an der Hauptmigrationsroute der Wale einen idealen Ausgangspunkt bietet.

Vorreiter für dieses unvergleichliche Erlebnis war im Jahr 2014 der kleine, lokale Anbieter Sunreef Mooloolaba. Zwar gibt es mittlerweile ein Konkurrenzangebot in Queensland (in Hervey Bay), doch an der Sunshine Coast selbst hat sich bisher keiner getraut dem Vorreiter seine Position streitig zu machen. Eigentlich auf Tauch- und Schnorchelausflüge spezialisiert, besitzt das Unternehmen die idealen Voraussetzungen und Kenntnisse für einen sicheren Schnorcheltrip und hat zudem ein zertifiziertes Programm entworfen, um den Walen bei diesen Begegnungen

Buckelwale zeigen oft keine Scheu vor Schnorchlern.

so wenig wie möglich zu schaden und Besuchern einen unvergesslichen Tag zu bieten. Desweiteren gibt es eine Kooperation mit der ortsansässigen Universität zu Forschungsprojekten, für die Informationen zu den Meeressäugern gesammelt und regelmäßig Forscher mit an Bord genommen werden. Wer als Gast dabei helfen möchte, ist herzlich willkommen und kann am Ende seines Trips ein kleines Formular mit Details zu seinen Walbeobachtungen ausfüllen.

Sobald man das Dock in Mooloolaba für den halbtägigen Ausflug verlassen hat, gibt es eine ausführliche Einweisung, wie man sich im Wasser zu verhalten hat, um weder sich noch die Tiere zu gefährden. Wenn dann ein Wal gesichtet wird, bleibt das Boot in mindestens 100 Metern Entfernung stehen und die Schnorchler dürfen ins 17 bis 23 Grad Celsius warme Wasser mit bis zu 30 Metern Sicht, wobei sie sich an einem am Schiff festgemachten Seil festhalten können. Ab dann liegt es in der Hand des Wals, wie es weitergeht. Erfreulicherweise sind Buckelwale jedoch lebhafte und neugierige Gesellen, und oft scheint es so, als wären sie mindestens so interessiert an uns Menschen wie wir an ihnen.

Wer seinen Kopf unter Wasser steckt, wird erst einmal überwältigt sein von der Größe dieser Giganten. Buckelwale werden um die 15 Meter lang und wiegen circa 30 Tonnen, und dennoch bewegen sie sich anmutig und sanft durchs Wasser. Was einem vor allem ins Auge sticht sind dabei ihre riesigen Brustflossen – sie können bis zu einem Drittel der Körperlänge betragen. Trotz jahrzehntelanger Waljagd vor der Küste (ein weltweites Verbot gibt es erst seit 1966, als über 90 Prozent abgeschlachtet waren) zeigen sie ein enormes Vertrauen Schnorchlern gegenüber und scheinen besonders vorsichtig um sie herum zu sein – als wüssten sie, wie fragil wir im Vergleich zu ihnen sind.

Wer sich wundert warum die Buckelwale vor der Sunshine Coast nicht ganzjährig anzutreffen sind, sollte wissen, dass sie Wandertiere sind. In ihrem Sommerquartier im futterreichen Polarmeer der Antarktis filtern sie mit ihren bis zu einen Meter langen Barten Plankton und kleine Fische aus dem Wasser und fressen sich eine dicke Fettschicht an. In ihrem Winterquartier in den warmen, flachen Gewässern vor der australischen Ostküste hingegen nehmen sie gar keine Nahrung zu sich, sondern bringen ihre Jungen zur Welt und ziehen sie auf, beziehungsweise paaren sich. Deswegen stehen bei den Schnorchelausflügen vor

Buckelwalmutter und Kalb

Mooloolaba auch die Chancen gut, auf Walmütter mit ihren besonders neugierigen Jungen zu treffen. Und im Gegensatz zu Hervey Bay darf man hier auch zu den Kälbern ins Wasser.

Familiär geht es auf dem kleinen Boot von Sunreef Mooloolaba zu.

Info

Lage: vor der Sunshine Coast

Anfahrt / Öffnungszeiten / Eintritt: Per Boot ab Mooloolaba in ca. 30 min mit folgendem Anbieter:

- % *Sunreef Mooloolaba*: Katamaran für bis zu 20 Passagiere, zur Zeit der Walmigration von Anfang Juli bis Ende Oktober, bei ruhiger See täglich 1- bis 2-mal 4–5 h (die 2. Tour wird erst angeboten wenn die erste ausgebucht ist) morgens (zw. 7:30 und 8 Uhr) bzw. mittags (zw. 11:30 und 12 Uhr) inkl. Mittagessen; 165 AUD (ab 8 J., nur gute Schwimmer), inklusive Neoprenanzug und Schnorchelausrüstung – sollte man keine Wale zu Gesicht bekommen, gibt es 50 % Nachlass auf die nächste Tour; The Wharf, 11/123 Parkyn Parade, Mooloolaba; www.sunreef.com.au; Tel.: +61 7 5444 5656

Aktivitäten: Tierbeobachtungen, *whale watching*, Schnorcheln

30. Caloundra Coastal Pathway: Immer der Küste entlang

Von einem Strand zum nächsten, mit kurzen Inlandspassagen und nie weit von der Zivilisation entfernt, führt diese Strandpromenade von Golden Beach im Süden von Caloundra bis zum Point Cartwright im Norden. Ob man sie zu Fuß oder auf dem Fahrrad, komplett oder nur abschnittsweise anpackt, bleibt einem nach Lust und Laune selbst überlassen.

Caloundra

Die komplette Tour führt 25 Kilometer entlang an erstklassigen Stränden und Flussmündungen, über Brücken und Landzungen mit wunderbaren Aussichten. Der Weg ist durchwegs gut ausgebaut und führt größtenteils auf separaten Wegen direkt an der Küste entlang. Als reine Gehzeit sind vier Stunden angesetzt, allerdings sollte man genügend Pausen einplanen, da es entlang der Strecke vieles zu entdecken und bestaunen gibt und unzählige Bademöglichkeiten locken.

Beginnt man ganz im Süden, so ist der Startpunkt im Jensen Park von Golden Beach. Hier fließt der Bell Creek in die Pumicestone Passage, einen durch Mangroven geschützten, natürlichen Kanal zwischen Bribie Island und dem Festland. Er beheimatet Delfine und Vögel wie zum Beispiel große Pelikane, und das Flachwasser ist teilweise so klar, dass man mit etwas Glück sogar Fische und Rochen sehen kann. An einem alten Militärpier aus dem Zweiten Weltkrieg vorbei geht es nach kurzer Zeit durch ein kleines Stück Mangroven, bevor man am Sandstrand des Bulcock Beach das erste Mal den weiten Ozean sieht. Hier kann man an einem der vielen Picknicktische Platz nehmen und mit einer Tasse Kaffee von einem der kleinen Cafés den Anglern auf dem Kai beim Fischen zuschauen.

Kurz darauf erreicht man den Kings Beach, wo ein denkmalgeschützter Badepavillon von 1937 steht, der heute öffentliche Toiletten und Umkleidekabinen beherbergt. Unzählige kleine Felsenbecken am Strand laden Groß und Klein bei Ebbe ein, nach Schnecken, Krebsen, kleinen Fischen und Anemonen zu suchen. Und wer kein Fan von Schwimmen im offenen Meer ist, kann sich im öffentlichen Wasserpark mit seinen Fontänen oder oder im kostenlosen Kings Beach Ocean Pool abkühlen.

Boardwalk am Strand entlang

Auf dem Weg um das Caloundra Headland herum kommt man an einer Gedenkstätte vorbei, welche an die mehr als 250 Toten des Hospitalschiffes AHS Centaur aus dem Zweiten Weltkrieg erinnert, das im Mai 1943 von einem japanischen U-Boot versenkt wurde. Der anschließende Shelly Beach macht seinem Namen alle Ehre und bietet vor allem nach starkem Wellengang Muscheln in allen Farben und Formen. Ist man um die komplette Landzunge herum, so ergibt sich eine weitere Bademöglichkeit am Moffat Beach, und wer Lust auf *fish & chips* für seine Mittagspause hat, wird hier auch fündig.

Anschließend geht es über einen kurzen Inlandsabstecher zum Dicky Beach, bevor sich der Weg durch einen Wald aus Mangroven windet und entlang des Currimundi Lake und des Kathleen McArthur Conservation Park wieder der Küste annähert und unzählige Zugänge zum fast zehn Kilometer langen Sandstrand bietet. Hier lassen sich Surfer bei ihren Kunststücken beobachten und Fischer sich gerne auf einen Schwatz zu ihrem Angelerfolg ein. Zu guter Letzt erreicht man Point Cartwright, wo man vom Fuß des Leuchtturms aus einen traumhaften Ausblick über das Meer und von Juni bis November auch die Chance auf Buckelwalsichtungen hat.

In Zukunft soll es von hier aus noch weiter bis nach Tewantin in der Nähe von Noosa Heads gehen. Der nördliche Teil dieses dann insgesamt 100 Kilometer langen Coastal Pathway ist allerdings noch nicht vollständig erschlossen und ausgeschildert.

Moffat Beach

Info

Lage: im südlichen Teil der Sunshine Coast

Anfahrt:

- Um den südlichsten Punkt der Strecke zu erreichen, nimmt vom großen Kreisverkehr in Caloundra (Caloundra Road/Nicklin Way/Pelican Waters Boulevard) den Pelikan Waters Boulevard bis zum Ende und fährt dann über die Anning Avenue und Booker Parade in die June Street zum Parkplatz der Bells Creek Boat Ramp am Jensen Park.
- Zum Nordende bei Point Cartwright kommt man über den Sunshine Motorway, der südlich von Mooloolaba zum Nicklin Way wird. Am großen Shoppingzentrum in Kawana nimmt man den Point Cartwright Drive, den man kurz bevor man an den Strand kommt nach links auf den Pacific Boulevard verlässt, der einen zu einem Parkplatz nur wenige Meter vom Leuchtturm entfernt bringt. Zwischen diesen beiden Endpunkten finden sich unzählige Möglichkeiten, Zugang zur Küste zu erlangen.

Öffnungszeiten: immer

Eintritt: nichts

Aktivitäten: Wandern, Radfahren, Baden

Brisbane und Umgebung

31. Bunya Mountains National Park: Botanische Schatzkiste
32. Crows Nest National Park: Klein, aber fein
33. D'Aguilar National Park: Vom Großstadtdschungel in den richtigen Urwald
34. Spirit of the Outback: Zugreise von der Küste ins heiße Zentrum
35. Beenleigh Artisan Distillery: Australiens älteste Rumdestillerie
36. North Stradbroke Island: Sandspielplatz vor den Toren Brisbanes
37. Moreton Island: Abenteuerspielplatz mit ernster Vergangenheit
38. Flinders Reef: Tauch- und Schnorchelparadies vor Moreton Island

Tangalooma Wracks vor Moreton Island

Gympie
Nambour
Mooloolaba
Caloundra
Korallenmeer
31. Bunya Mountains National Park
38. Flinders Reef
33. D'Aguilar National Park
37. Moreton Island
32. Crows Nest National Park
Brisbane
36. North Stradbroke Island
QUEENSLAND
35. Beenleigh Artisan Distillery
Coolangatta
NEW SOUTH WALES
34. Spirit of the Outback
Longreach
Ilfracombe
Barcaldine
Jericho
Alpha
Emerald
Blackwater
Rockhampton
Gladstone
Miriam Vale
Bundaberg
Korallenmeer
Gympie
Nambour
Quilpie
Charleville
Roma
Dalby
Brisbane
QUEENSLAND
Moonie
Toowoomba
Cunnamulla
St George
Warwick
Goldfields
NEW SOUTH WALES

31. Bunya Mountains National Park: Botanische Schatzkiste

Prähistorisch anmutende, meterhohe Grasbäume, überdimensionierte Baumfrüchte und surreale Flaschenbäume sind nur ein paar der botanischen Besonderheiten der Bunya Mountains. Wer sich in diese plötzlich aus der weiten Ebene erhebenden Berge begibt, wird zudem mit grandiosen Panoramen, einer bunten Vogelwelt und einem angenehm kühlen Klima belohnt.

Der Nationalpark erhielt seinen Namen aufgrund des weltweit größten Vorkommens an Bunya-Bunya-Bäumen, einer besonderen Araukarien-Art, die jedes Jahr zwischen Dezember und März bis zu zehn Kilogramm schwere Zapfen in der Größe von Fußbällen abwerfen. Wegen dieser Zapfen spielen die Bunya Mountains auch in der Geschichte der Aborigines eine wichtige Rolle, denn bis ins Jahr 1902 trafen sich hier Stämme aus Südost- und Zentralqueensland sowie aus dem Nordosten von New South Wales regelmäßig während der Nussernte zu den wohl größten, bekannten Zusammenkünften von Ureinwohnern australienweit. Kletterer des Gastgeberstammes erklommen mithilfe von Lianen um ihre Taille Bäume, deren Stämme bis zu eineinhalb Meter breit und fünfzig Meter hoch waren, um an die Früchte zu kommen. Neben der Nussschlemmerei dienten diese Treffen aber auch als Plattform für Sport und Spiele, man feierte Zeremonien, betrieb Handel, tauschte Wissen aus, arrangierte Ehen und schlichtete Streitigkeiten.

Bunya Bäume

Die beliebteste Wanderung in den Bunya Mountains ist der Scenic Circuit, welcher seinem Namen auf der der Küste zugewandten Seite voll subtropischem Regenwald alle Ehre macht. Eineinhalb Stunden lang schlängelt er sich über vier Kilometer durch einen Wald an Bunya-Bunya-Bäumen und mitten durch eine Würgefeige hindurch, vorbei an herrlichen kleinen Felsenbecken und den Festoon Falls sowie Tim Shea Falls, mit wunderbarem Panoramablick vom Pine Gorge Lookout über die zu Füßen liegenden Täler und Hügel.

Eifrigen Wanderern ist der Barker Creek Circuit zu empfehlen, der zehn Kilometer lang durch eindrucksvollen Regenwald, Grasland und einen Eukalyptushain führt. Schöne Aussichten bieten sich hier über die Barker Creek Gorge, und als kleine Highlights entlang des Weges agieren die Paradise Falls Paradise Falls, Little Falls und Tim Shea Falls. Der Abstecher zum Big Falls Lookout lohnt sich allerdings nur nach starkem Regen, da nur dann genügend Wasser über die Felskante in die Tiefe hinab stürzt.

Scenic Circuit mit Pfad durch eine Würgefeige

Entlang der Westseite der Bunya Mountains Road finden sich mehrere längere Pfade, die zu wunderbaren Aussichtspunkten über Kliffs, Täler und die weiten Ebenen der Darling Downs führen. Aufgrund des trockeneren Mikroklimas hier findet man an die Lage angepasste Flaschenbäume, und im Frühling sind die Felsenwände eingefasst von den Blütenmassen einer goldfarbenen Orchideenart.

Tim Shea Falls

Eine Wanderung, die man sich auf keinen Fall entgehen lassen sollte, führt in einer halben Stunde auf den Mount Kiangarow, mit 1135 Metern der höchste Punkt der Bunya Mountains. Hier führt der Pfad durch eine Allee an Grasbäumen, die bis zu fünf Meter hoch und mehrere hundert Jahre alt sind.

Es ist jedoch nicht nur die Flora, die in diesem Nationalpark beeindruckt, sondern auch die Fauna. Ein Aufenthalt oder noch besser eine Übernachtung bei Dandabah am südlichen Parkeingang wird meist von einer Fülle an neugierigen Papageien und Buschhühnern begleitet, und

Regenwald bei Dandabah

zur Dämmerung findet man haufenweise Wallabys auf den Grasflächen. Und mit etwas Glück und guten Augen wird man vielleicht sogar mit Koalas, Schnabeligeln oder nachts mit Eulen und Possums belohnt.

Info

Lage: 160 km nordwestlich von Brisbane und 85 km nordwestlich von Toowoomba

Anfahrt: Zwei Straßen führen in den Park.

- Der südliche Zugang führt über die Bunya Mountains Road, die man von Toowoomba aus über den Warrego Highway und die Jondaryan Nungil Road oder von Yarraman über den New England Highway, die Kingaroy Cooyar Road und die Maidenwell Bunya Mountain Road erreicht. Beide Varianten beinhalten 2 km bzw. 4 km lange Abschnitte ungeteerter Straße, die aber kein Problem für normale Autos darstellen.
- Von Norden kommend, biegt man 5 km südlich von Kumbia vom Bunya Highway auf die Bunya Mountains Road ab.

***Achtung*:** Alle Zufahrtsstraßen sind steil, eng und kurvig, und damit ungeeignet für schwere und lange Fahrzeuge.

Öffnungszeiten: immer

Eintritt: nichts

Aktivitäten: Wandern, Radfahren, Baden

Unterkünfte:

- QPWS Campingplatz *Dandabah*: Standardplatz ohne Strom, aber mit Wasser, Toiletten, heißen Duschen, Picknicktischen und elektrischen Barbecues (Münzen müssen mitgebracht werden) auf einer großen Grasfläche beim südlichen Parkeingang; 6,55 AUD p. P. (ab 5 J.); Onlinebuchung: www.qld.gov.au/camping ⇨ camping
- *Bunya Mountains Accommodation Centre*: zahlreiche individuelle Privatunterkünfte in einer Feriensiedlung; Hütte ab 100 AUD (mind. 2 Nächte); MS 501, Bunya Mountains; www.bunyamountains.com.au; Tel.: +61 7 4668 3126

***Achtung*:** Von Dezember bis März sollte man sich wegen fallender Zapfen möglichst wenig unter Bunya-Bunya-Bäumen aufhalten. Ebenso sollte man Berührungen mit der lichtliebenden Gympie (wächst als Strauch oder Baum) unbedingt vermeiden, da sie extrem stark brennende Schmerzen verursacht.

32. Crows Nest National Park: Klein, aber fein

Eindrucksvolle Landschaften, schroffe Granitfelsen, vielfältige Eukalyptuswälder und eine Badestelle mit Sandstrand und Wasserfall bietet die Great Dividing Range im Crows Nest National Park, nicht weit von der Metropole Brisbane. Wer dann noch eines der hier ansässigen Schnabeltiere zu Gesicht bekommt, wird diesen Platz so schnell nicht wieder vergessen.

Für Botaniker mit Interesse an der Vielfalt von Eukalyptusbäumen (es gibt über 600 Arten) bietet sich im Crows Nest National Park ein kleines Eldorado für Feldstudien. Es gibt nicht viele Orte, wo sich eine so große Auswahl an verschiedenen Eukalyptusbäumen findet wie hier. Wer sich genauer umschaut, wird Besonderheiten wie *stringybarks* (mit sich schälender Rinde), *bloodwoods* (an manchen Stellen tropft roter Saft aus dem Stamm oder Ästen) oder *ironbarks* (dunkle und zerfurchte Rinde) finden, welche einen ideale Lebensraum für verschiedene Wallabyarten, Schnabeligel, Gleitbeutler, Buntwarane und Vögel wie die Blasskopfrosellas bieten.

Bottlebrush Pool

Vom Parkplatz geht es etwa eineinhalb Kilometer flussabwärts durch eine Schlucht mit steilen Wänden zu einer Aussichtsplattform, von der aus man die Crows Nest Falls überblicken kann, was sich besonders nach starkem Regen rentiert. Doch so verführerisch der Fluss ober- und unterhalb des Wasserfalls auch aussieht, man darf leider wegen der Gefahr von Steinschlag nicht zur Abkühlung ins Wasser. Wer möchte, kann von den Crows Nest Falls dieselbe Distanz noch einmal weiter bis zum Koonin Lookout wandern. Dieser offenbart eine beeindruckende Aussicht mit Blick über eine breite Schlucht namens Valley of Diamonds.

Den Rückweg von den Crows Nest Falls sollte man über den Kauyoo Loop bestreiten, der am Fluss entlang an zwei wunderbaren Badestellen und den kleinen Wasserfällen der Cascades vorbei führt. Wenn man leise ist, kann man mit etwas Glück eines der in Queensland vom Aussterben bedrohten Bürstenschwanz-Felskängurus auf den Felsen und in den Steilwänden entlang des Flusses entdecken. Und wer an seine Badesachen gedacht hat, darf hier im wunderbar großen Bottlebrush Pool schwimmen oder am Sandstrand des mindestens genauso einladenden, aber etwas flachen Kauyoo Pool entspannen.

Am besten denkt man bei einem Ausflug zum Crows Nest National Park daran, auch etwas zum Grillen einzupacken, da es einen bezaubernden Picknickplatz mit kostenlosen Gas-Barbecues gibt. Und in der Abend- und Morgendämmerung kann es sich lohnen, sich ruhig an den nahegelegenen Crows Nest Creek zu setzen, da dies die Zeit ist, wenn Schnabeltiere im Wasser nach Futter suchen. Auch wenn sie flink und schwer zu sehen sind, so verraten sie sich oft durch kleine Bugwellen und aufsteigende Blasen an der Wasseroberfläche.

Die Cascades

Kauyoo Loop

Info

Lage: 95 km nordwestlich von Brisbane und 40 km nordöstlich von Toowoomba

Anfahrt: Von dem Ort Crows Nest aus folgt man der Three Mile Road knappe 5 km, bis zu einem Schild, das den Nationalpark rechter Hand ausweist. Ab dann sind es nur noch wenige hundert Meter zum Park- und Picknickplatz bzw. Campingplatz.

Öffnungszeiten: immer

Eintritt: nichts

Aktivitäten: Wandern, Tierbeobachtungen, Baden

Unterkünfte:

- QPWS Campingplatz *Crows Nest Falls*: Standardplatz ohne Strom, aber mit Wasser, Toiletten, Holzgrills und holzbeheizten Duschen (Holz muss mitgebracht werden); 6,55 AUD p. P. (ab 5 J.); Onlinebuchung: www.qld.gov.au/camping ⇨ camping
- *Crow's Nest Tourist Park*: großer Campingplatz am Ortsrand mit Pool und Restaurant; Camping ab 10 AUD und Hütte ab 79 AUD; 7558 New England Highway, Crows Nest; www.crowsnestcaravanpark.com.au; Tel.: +61 7 46 98 1269

***Achtung*:** Mitgebrachter Müll muss wieder mitgenommen werden.

33. D'Aguilar National Park: Vom Großstadt-dschungel in den richtigen Urwald

Nur wenige Kilometer vor den Toren Brisbanes bietet sich eine ideale Gelegenheit, die exotische Tierwelt Australiens kennenzulernen, den Tag wandernd durch den Dschungel zu verbringen und seinen Geländewagen auf eine Spazierfahrt zu nehmen. Tiefe Schluchten, sagenhafte Ausblicke und kühle Wasserlöcher warten im D'Aguilar National Park nur darauf entdeckt zu werden.

Blick vom D'Aguilar National Park auf Lake Wivenhoe

Kommt man aus Brisbane, ist es empfehlenswert, die South D'Aguilar Section zuerst zu besuchen. Dieser Teil liegt im Süden des Parks und ist nicht direkt über Straßen innerhalb des Schutzgebiets mit dem im Norden anschließenden zweiten Teil, der Mount Mee Section, verbunden. Beim Walkabout Creek Discovery Centre kann man sich mit hilfreichem Kartenmaterial eindecken, und nebenan findet man das Wildlife Centre, in dem man zahlreiche Tiere sehen kann, die einem wahrscheinlich im Dickicht des Waldes später entgehen werden. Zu ihnen zählen Reptilien, Amphibien, Vögel, Fische und Säugetiere sowie einige nachtaktive

Tiere, welche im *nocturnal house* untergebracht sind. An heißen Tagen lohnt sich zudem ein Sprung in das Enoggera Reservoir nebenan.

Die South D'Aguilar Section wird von zwei landschaftlich reizvollen Straßen namens Mount Nebo Road und The Northbrook Parkway durchzogen. An ihnen entlang finden sich mehrere Aussichtspunkte wie der Camp Mountain Lookout, von dem aus man die Moreton Bay und die Glass House Mountains sehen kann, und der nahe gelegene Bathersby Lookout, der einen Blick auf das Zentrum Brisbanes erlaubt. Zahlreiche Wanderwege führen durch die unterschiedlichen Vegetationszonen, von trockenen Eukalyptushainen bis zu subtropischen Regenwäldern.

Bachlauf

Als Kronjuwel des Parks gilt jedoch der älteste Teil des Südteils, der Maiala genannt wird. Hier schlängelt sich der zwei Kilometer lange Rainforest Circuit durch subtropischen Urwald, und wer Lust auf mehr hat, verbindet dies mit dem kaum längeren Cypress Grove Track, entlang dessen sich im Unterholz noch die verrosteten Überreste eines alten Sägewerks aus den 1860er-Jahren finden lassen. Ganz Fitte können noch den gut vier Kilometer langen Greenes Falls Track dranhängen, der über einen kleinen Bach mit Felsenbecken zu einer Aussichtsplattform führt. Hier bietet sich ein wunderbarer Blick über einen kleinen Wasserfall, in dessen Umgebung sich oft lärmende Gelbhaubenkakadus aufhalten.

Zahlreiche Geländewagentracks durchqueren die Wildnis der Mount Mee Section im Norden des Parks, wobei der 14 Kilometer lange Western Escarpment Forest Drive mit dem Somerset Lookout und Ausblicken über zwei Seen zu den beliebtesten zählt. Auch auf keinen Fall verpassen sollte man auch den ungefähr gleich langen Mount Mee Forest Drive und seine vielen Highlights. Auf dem kurzen Weg zum Falls Lookout und den fast daneben liegenden Bulls Falls kann man sich die Beine vertreten und einen grandiosen Blick über die nördliche Gebirgskette, das Tal und abgelegene Felsenbecken im Steilhang erhaschen. Wenig später kann man den Mill Rainforest Walk gehen, der durch subtropischen Regenwald führt, doch die wahren Highlights sind die Badestellen Rocky Hole und Broadwater. Bei Letzterem lassen sich mit guten Augen manchmal sogar ein paar Exemplare der hier ansässigen Koala-Population erspähen. Wer sich und seinem Auto mehr zutraut, kann die vom Range Road Forest Drive abzweigende Byron Creek Road und anschließend Diana's Bath Road nehmen und sich an heißen Tagen mit dem großen Wasserloch von Diana's Bath belohnen.

Am Mount Mee

Info

Lage: 35 km nordwestlich von Brisbane und 80 km südwestlich von der Sunshine Coast

Anfahrt:

- Über die Waterworks Road erreicht man von Brisbane aus das Walkabout Creek Discovery Centre, von dem aus die Mount Nebo Road in den südlichen Teil des Parks führt.
- Aus dem Westen kommend, nimmt man zwischen Somerset und Fernvale den Northbrook Parkway.
- Zur Mount Mee Section kommt man von Brisbane aus über Samford, Dayboro und die Mount Mee Road (geteert bis zu The Gantry).
- Vom Norden her nimmt auf dem D'Aguilar Highway bei Woodford die Neurum Road bis zur Stanton Road, die über die (anfangs geteerte) Rasmussen Road direkt in den Park führt.

Achtung: Für die Mount Mee Section braucht man einen Geländewagen.

Öffnungszeiten: immer (Walkabout Creek Wildlife Centre: täglich 9–16:30 Uhr)

Eintritt: nichts (Walkabout Creek Wildlife Centre: 7,70/3,70 AUD Erwachsener/Kind ab 4 J.)

Aktivitäten: Wandern, Tierbeobachtungen, Baden, Geländewagen fahren

Unterkünfte:

- QPWS Campingplätze *Neurum Creek* und *Archer*: Standardplätze in der Mount Mee Section, ohne Strom, aber mit Wasser, Toiletten und Feuerstellen (Holz muss mitgebracht werden); jeweils 6,55 AUD p. P.(ab 5 J.); Onlinebuchung: www.qld.gov.au/camping ⇨ camping
- *Neurum Creek Bush Retreat*: familiengeführter Campingplatz vor dem nördlichen Eingang zur Mount Mee Section; Camping ab 13/7 AUD Erwachsener/Kind + 7 AUD pro Platz für die 1. Nacht; 268 Rasmussen Road, Neurum; www.ncbr.com.au; Tel.: +61 7 5496 3692
- *Mt Glorious Getaways*: 4 urige Holzhütten im Regenwald an der South D'Aguilar Section; Hütte ab 180 AUD; Browns Road, Mount Glorious; www.mtgloriousgetaways.com.au; Tel.: +61 7 3289 0172

Achtung: Keine Einkaufsmöglichkeit im Nordteil des Parks – Besucher müssen alles Nötige wie Essen, Wasser, etc. selbst mitbringen. Mitgebrachter Müll muss wieder mitgenommen werden. Wegen der Nähe zu Brisbane empfiehlt es sich, Wochenenden und Schulferien zu meiden.

34. Spirit of the Outback: Zugreise von der Küste ins heiße Zentrum

Eine Zugreise im „Spirit of the Outback" lässt einen in Komfort und mit Stil von der Küste aus das Hinterland erkunden, ohne selbst hinter dem Lenkrad zu ermüden oder Angst vor der Benzinrechnung haben zu müssen. Wer die Weite Australiens erleben möchte, ohne in seiner Bewegungsfreiheit zu sehr eingeschränkt zu sein, ist hier genau richtig.

Zweimal wöchentlich fährt der Spirit of the Outback von Brisbane nach Longreach und wieder zurück. Von der geschäftigen Metropole aus führt das erste Drittel der 26 Stunden dauernden und 1325 Kilometer langen Reise parallel zur Küste in den Norden. Dabei windet sich der Zug durch die dicht besiedelten Gebiete hinter der Sunshine Coast vorbei an Zuckerrohrplantagen und den Glass House Mountains, durch Wälder und Sümpfe, bis zum Südlichen Wendekreis. In Rockhampton schlägt der Zug dann den weiten Weg nach Westen ein. Die Landschaft

Der Spirit of the Outback am Bahnsteig

wird trockener, man passiert die an Bodenschätzen reiche Gegend um Emerald und durchquert unmerklich Rinderfarmen gigantischen Ausmaßes während blauer Himmel und goldfarbenes Gras den Horizont markieren.

Die sich stetig verändernde Landschaft, vom satten Grün der Ostküste bis zum staubigen Rotbraun des Outbacks, zeigt Queensland in all seinen Facetten. Und so sehr einen die monotonen Geräusche des Zuges auch einzuschläfern versuchen, so sehr zieht es einen ans Fenster, um das sich jede Sekunde verändernde Bild aufzusaugen.

Los geht's am Bahnhof in Longreach!

Im Spirit of the Outback haben Reisende die Wahl zwischen zwei verschiedenen Klassen: Economy Seater und First Class Sleeper. Im Economy Seater bekommt man einen einfachen Sitzplatz und hat die Möglichkeit im Zug Essen, Snacks und Getränke zu kaufen. Im First Class Sleeper hingegen ist erklassiges Essen im schicken und exklusiven Restaurantwagen inklusive, ebenso wie der Zugang zu einer Lounge, und man bekommt eine eigene Kabine mit einem Sessel, der sich in ein Bett umwandeln lässt. Als einziger Zug in Queensland bietet der Spirit of the Outback diesen Luxus, und wer die komplette Strecke zurücklegen möchte, tut gut daran, sich diesen zu leisten.

Der Zug fährt ein in Emerald.

Wer allerdings diese Reise macht, um möglichst viel vom Outback zu sehen, der sollte überlegen, ob er vielleicht erst mittwochs in Rockhampton zusteigt. Zwar ist dies mit einem sehr frühen Start um 4:40 Uhr verbunden, allerdings verbringt man hier je nach Jahreszeit die meiste Zeit der Fahrt im Tageslicht und spart sich die uninteressante Nachtfahrt von Brisbane bis hierher.

Da der Spirit of the Outback nicht ein spezieller Touristenzug, sondern immer noch ein Transportmittel für viele Menschen entlang der Strecke ist, sind die meisten Stopps entlang der Linie gerade einmal ausreichend, um sich die Füße zu vertreten und etwas Frischluft zu schnappen. Nur in Barcaldine gibt es mit 20 Minuten einen längeren Aufenthalt, den man mit einer kleinen Geschichtsstunde verbinden kann. In einem modernen Kubus findet man hier am Bahnhof nämlich den Tree of Knowledge, den die Schafscherer zum zentralen Treffpunkt für ihren Streik im Jahr 1891 auserkoren hatten und wo sie ein Jahr später das Manifest der Arbeiterpartei verlasen. Er ist somit das Symbol für den Kampf, der zur Gründung der Australian Labor Party führte. Leider vergiftete ihn jemand 2006 und seitdem gibt es nur noch die präparierte Version.

Die lange Reise endet am denkmalgeschütztem Bahnhof von Longreach, der 1916 fertig gestellt wurde und die historische Architektur der Zeit von Englands König Edward VII in all ihrer Pracht widerspiegelt.

Info

Lage: Die Spirit of the Outback-Zuglinie führt von Brisbane über Caboolture, Landsborough, Nambour, Cooroy, Gympie North, Maryborough West, Howard, Bundaberg, Miriam Vale, Gladstone, Mount Larcom, Rockhampton, Duaringa, Bluff, Blackwater, Emerald, Anakie, Alpha, Jericho, Barcaldine und Ilfracombe bis ins 600 km Inland gelegene Longreach.

Anfahrt: Anfangs- und Endhaltestellen des Spirit of the Outback-Zuges finden sich in Brisbanes Roma Street Station und der Longreach Railway Station.

Öffnungszeiten: Züge fahren ab Brisbane dienstags (18:10 Uhr) und samstags (13:55 Uhr), ab Rockhampton mittwochs (4:40 Uhr) und sonntags (1:03 Uhr), und erreichen Longreach am Mittwoch um 19:20 Uhr und am Sonntag um 15:40 Uhr. Die Rückreise kann montags und donnerstags um 10:00 Uhr angetreten werden, mit Ankunft in Rockhampton um 00:17 Uhr und in Brisbane um 11:55 Uhr am darauffolgenden Tag; www.queenslandrailtravel.com.au/railexperiences/ourtrains/spiritoftheoutback

Eintritt: Tickets für die Strecke Brisbane–Longreach gibt es von 141 AUD (Economy Seat) bis 427 AUD (First Class Sleeper) und für die Strecke Rockhampton–Longreach von 87 AUD bis zu 336 AUD.

***Achtung*:** Bucht man weniger als 72 h vor der Abfahrt, kann der Ticketpreis um bis zu 50 % höher sein.

35. Beenleigh Artisan Distillery: Australiens älteste Rumdestillerie

Bei dem Wort „Rum“ fällt sowohl Queenslandern als auch Touristen meist sofort „Bundaberg“ ein. Dass der Ursprung dieses hochprozentigen Getränks aber einige hundert Kilometer südlich davon liegt, wissen die wenigsten. Dort wurde in dem kleinen Ort Beenleigh, am Ufer des Albert River, 1884 die erste legale Rumproduktionsstätte des Kontinents gegründet.

Zuvor gab es nur eine schwimmende Schwarzbrennerei namens SS Walrus, die auf Wasserwegen zwischen den in der Gegend ansässigen Zuckerrohrplantagen hin und her fuhr und offiziell als Zuckermühle fungierte. Der Besitzer James Stewart hatte zwar kurzzeitig eine Brennlizenz, doch diese wurde ihm schnell wieder abgenommen, nachdem seine Rumproduktion auf dem Papier im zweiten Jahr überraschend stark sank – wohl weil er merkte, dass er nicht gerne Steuern zahlte. Das hinderte hinderte The Bosun, wie er auch genannt wurde, jedoch anscheinend nicht daran jahrelang weiterzumachen. Denn als das Schiff

Eine Auswahl der Spirituosen von Beenleigh

The Old Copper ist das Herzstück des Betriebs.

eines Tages in 1884 ohne Besatzung auf dem Grundstück der Beenleigh Sugar Mill angespült wurde und auch Nachforschungen kein Licht auf den Verbleib des Kapitäns lieferten, fand man eine intakte Kupferdestille an Bord. Diese brachten John Davy und Francis Gooding an Land und gründeten die Beenleigh Distillery. Leider verschwanden sowohl sie als auch 32.000 Flaschen Rum im großen Hochwasser von 1887. Nach einem gebraucht gekauften Ersatz, der über 100 Jahre hielt, ließ man sich 2004 einen neuen Kupferkessel fertigen, der trotz seiner jungen Jahre den Kosenamen Old Copper trägt und heute das Herzstück der Beenleigh Artisan Distillery darstellt.

Wie speziell und traditionsreich nicht nur die Geschichte der Brennerei, sondern auch die Produktion ist, lässt sich auf einer geführten Tour über das Grundstück und durch die Produktionsstätte entdecken. Im Markenzeichen des Unternehmens, einem uralten, roten Haus, wird einem erklärt, wie aus reinstem Regenwasser, qualitativ hochwertigster Zucker-

Brennmeister Wayne bei der Arbeit

rohrmelasse und einer geheimen Spezialhefe die Basis für erstklassigen Rum bereitet wird. Nach der Fermentierung kommt die Flüssigkeit in die Destille und zu guter Letzt wird das Hochprozentige in verschiedenste Behälter (z. B. ehemalige Brandy- oder Whiskyfässer) gefüllt, worin sich nach viel Zeit eine wahre Symphonie an Geschmäckern bildet.

Nach der Theorie kann man in einer praktischen Rumprobe auch noch die vielfältigen Endprodukte testen. Hier hat man die Qual der Wahl zwischen zwei verschiedenen Richtungen, bei denen jeweils fünf Sorten verkostet werden. Bei der Classic Rum Experience werden einem der einzige weiße Rum von Beenleigh, der „Originale", ein 5-Jähriger (der sowohl in Brandy- als auch in Whiskyfässern gelagert wurde), ein spezieller Honig-Rum-Likör mit Honig vom letzten reinen Stamm der Ligurischen Biene (der interessanterweise auf Kangaroo Island in Südaustralien zu finden ist) und ein klassischer Rumlikör serviert. Die Distiller's Selection bietet einen nur in Bourbonfässern gereiften Rum, einen extrem würzigen Spiced Rum, eine in Brandy- und Portfässern gelagerte Version, eine zehn Jahre alte Variante sowie einen Wodka aus Zuckerrohr. Spätestens nach der Probe versteht man, warum die Rumvarianten von Beenleigh bereits über 50 nationale und internationale Preise gewonnen haben, allen voran der „Double Barrel".

Das über 100 Jahre alte Big Red House wird auch heute noch genutzt.

Info

Lage: 30 km südöstlich von Brisbane und 40 km nordwestlich von Surfers Paradise

Anfahrt: Vom Pacific Motorway die Ausfahrt Beenleigh (South) nehmen und über die Main Street in die Distillery Road abbiegen.

Öffnungszeiten / Eintritt / Aktivitäten:

- % *Beenleigh Artisan Distillery*: geführte Destillerie-Tour und Rumproben; 30 min Touren für 15 AUD von Mittwoch–Sonntag stündlich ab 10:30 bis 14:30 Uhr, 30 min Rumprobe für 15 AUD im Anschluss an Tour oder jederzeit, Kombipaket der beiden für 25 AUD; Montag–Freitag 10-17 Uhr sowie Samstag und Sonntag 10 bis 16 Uhr geöffnet; 142 Distillery Road, Eagleby; www.beenleighrum.com.au; Tel.: +61 7 3807 3737

Achtung: Auf der Tour müssen geschlossene Schuhe getragen werden. Möchte man Rum für zu Hause kaufen, sollte man beachten, dass der deutsche Zoll nur 1 l Spirituosen mit einem Alkoholgehalt von mehr als 22 % pro Erwachsenem abgabenfrei ins Land lässt.

36. North Stradbroke Island: Sandspielplatz vor den Toren Brisbanes

Zwar liegt North Stradbroke Island zu nahe an Brisbane, um noch ein wahrer Geheimtipp zu sein, doch wenn man die Insel nicht gerade am Wochenende oder während der Schulferien besucht, kann man hier ohne große Menschenmengen wunderbar die Seele baumeln lassen und kleine Abenteuer erleben.

Cylinder Beach

Das Eiland ist dünn besiedelt, vielfältig und bietet mit seinen Heidelandschaften, über 100 Süßwasserseen und Mooren, Sanddünen, Stränden und Wäldern Heimat für viele Tiere wie gefährdete Frösche, leuchtend grüne Schwalbensittiche, Koalas, Kängurus und Riesenstörche.

50 Prozent der Insel sind als Nationalpark geschützt, von dem allerdings nur der Blue Lake und der Main Beach zugänglich sind. Der See ist für den lokalen Aboriginestamm eine heilige Stätte, weswegen man davon absehen sollte in ihm zu baden. Doch die zwei wunderbaren Wanderungen hier (eine zum See, die andere zu einer Aussichtsplattform mit Blick auf den Süden der Insel bis hin zur Gold Coast) sind allein schon den Besuch wert.

Die Strände an der Nord- und Ostküste von „Straddie“ bieten für Geländewagenbegeisterte ein ganz besonderes Erlebnis: hier darf man den fast zehn Kilometer langen Flinders Beach und den über 30 Kilometer langen Main Beach entlang fahren. Entlang des Letzteren findet sich ein gut gehütetes Geheimnis: 3,7 Kilometer südlich von der George Nothling Drive-Strandzufahrt oder 5,8 Kilometer nördlich vom Main Beach Camping Ground beginnt der für Fahrzeuge gesperrte, ehemalige Zugangsweg zur Fishermans Road, der nach 300 Metern zu einem traumhaft einsamen See führt. Dieser ist Teil der sogenannten Keyholes, einer Reihe an Seen, welche sich über vier Kilometer lang parallel zur Küste hinziehen.

Frenchmans Bay

Bevor man sich mit seinem Geländewagen auf den Strand traut, sollte man sich vergewissern, dass der Reifendruck gesenkt wurde und man die Grundlagen des Fahrens auf Sand beherrscht. Dazu gehören eine angemessene Geschwindigkeit sowie das richtige Timing (nur zur Ebbe ± 2 Stunden).

Strandzugang zum Deadmans Beach

Doch auch wer ohne Geländewagen auf die Insel kommt, findet zahlreiche Aktivitäten, die einen tagelang beschäftigen können. Da wären zum Beispiel die vielen traumhaften Strände im Norden der Insel. Von den Hauptstränden in Dunwich und Amity Point angefangen, findet man über den langgezogenen Flinders Beach bis hin zu den kleineren Buchten von Home Beach, Cylinder Beach, Deadmans Beach und Frenchmans Bay (mit Felsenbecken bei Ebbe) sowie South Gorge um Point Lookout herum wunderbares Wasser um sich abzukühlen, sich auf sein Body- oder Surfboard zu schwingen oder die Angel auszuwerfen.

Wer lieber in Süßwasser badet, sollte sich zum von Teebäumen umgebenen Brown Lake aufmachen oder die Myora Springs am Capembah Creek besuchen, die jeden Tag unglaubliche 2,4 Millionen Liter Quellwasser durch die Mangroven in den Ozean freigeben.

Der 1,2 Kilometer lange Gorge Walk entlang des Kaps von Point Lookout bietet großartige Aussichten vom östlichsten Punkt Queenslands über das weite Meer, und mit etwas Glück sieht man im Wasser Schildkröten, Delfine, Rochen, Dugongs, Haie oder Wale (zwischen Juni und November). Kein Wunder also, dass zertifizierte Taucher gerne die Unterwasserwelt und Riffe um die Insel herum erkunden.

Etwas ganz Besonderes bietet die Dünenlandschaft westlich des Eighteen Mile Swamp im Südosten der Insel. Hier kann man die bis zu 300.000 Jahre alten Wanderdünen auf speziellen Sandboards herunter sausen.

Info

Lage: 40 km östlich von Brisbane und 50 km nördlich von Surfers Paradise

Anfahrt: Per Autofähre oder Wassertaxi von Toondah Harbour in Brisbanes Vorort Cleveland nach Dunwich

- Autofähre:
  Stradbroke Ferries: zum Hauptterminal in Dunwich, Fahrzeit ca. 50 min, ungefähr stündlich von 5:30–18 Uhr, einfache Fahrt ab 7/58 AUD p. P./Auto inkl. Passagiere; www.stradbrokeferries.com.au; Tel.: +61 7 3488 5300
- Wassertaxi:
  Stradbroke Ferries: zum Hauptterminal in Dunwich, Fahrzeit ca. 25 min, ungefähr stündlich von 4:55–19:55 Uhr, ab 7 AUD p. P.; www.stradbrokeferries.com.au; Tel.: +61 7 3488 5300
  Stradbroke Flyer: zum One Mile Jetty in Dunwich, Fahrzeit 25 min, ungefähr stündlich von 4:55–19:55 Uhr, einfache Fahrt ab 10 AUD p. P.; www.flyer.com.au; Tel.: +61 7 3821 3821

Öffnungszeiten: immer

Eintritt: nichts (außer Geländewagen-Genehmigung wenn man auf dem Strand fahren möchte: www.minjerribahcamping.com.au/plan-your-stay/4wding/4wd-permits für 47,50 AUD für 1 J.)

Aktivitäten: Wandern, Tierbeobachtungen, Baden, Fischen, Geländewagen fahren, Tauchen (www.mantalodge.com.au), Kajak fahren und Sandboarden (www.straddieadventures.com.au und % www.straddiekingfishertours.com.au)

Unterkünfte:

- *Minjerribah Camping*: bietet schöne, naturnahe Campingmöglichkeiten der Aborigine Community um die ganze Insel verteilt; *Adam's Beach*: Camping ab 28 AUD; *Bradbury's Beach*: Camping ab 28 AUD; *Amity Point*: Camping ab 28 AUD und Hütte ab 94,40 AUD; *Flinders Beach*: *beach camping* ohne Anlagen 18,85 AUD; *Adder Rock*: Camping ab 28 AUD; Safarizelt ab 89 AUD und Hütte ab 94,40 AUD; *Home Beach*: Camping ab 28 AUD; *Cylinder Beach*: Camping ab 39 AUD; *Main Beach*: beach camping ohne Anlagen 16,45 AUD; www.minjerribahcamping.com.au; Tel.: +61 7 3409 9668

37. Moreton Island: Abenteuerspielplatz mit ernster Vergangenheit

Eine kurze Fährfahrt von Brisbane entfernt, liegt ein riesiger Sandspielplatz für Geländewagenenthusiasten. Ohne eine einzige geteerte Straße, dafür aber mit kristallklaren Bächen und Seen, einer vielfältigen Vegetation, hohen Dünen, endlos langen Stränden und zahlreichen Schiffswracks ist Moreton Island ideal, um sich mehrere Tage lang in kleine Abenteuer zu stürzen.

Auf der 170 Quadratkilometer großen Sandinsel gibt es nur wenige kleine Siedlungen namens Bulwer, Cowan Cowan, Tangalooma Island Resort und Kooringal – der Rest, circa 95 Prozent, ist als Nationalpark deklariert. Um herumzukommen, dient meist der Strand als Straße, nur wenige Tracks führen durchs Inland.

Schon bevor man seinen Wagen direkt von der Fähre auf den Sand fährt, sollte man den Reifendruck gesenkt haben und wissen, worauf man beim Fahren in diesem Gelände achten muss. Das beinhaltet hohe Geschwindigkeiten und abrupte Manöver zu vermeiden, nur zur Ebbe (± 2 Stunden) am Strand zu fahren und auf Risiken wie Auswaschungen und frei gespülte Felsen aufzupassen. Hat man sich darüber informiert und das nötige Notfallequipment (Schaufel, Ersatzreifen, etc.) dabei, steht dem Spaß nichts mehr im Wege.

Geländewagenfahrt am Strand

Tangalooma Wracks

Das bekannteste Wahrzeichen der Insel wartet gleich am Fähranleger: die Tangalooma Wrecks. Bis 1984 wurden hier 15 Schiffe versenkt, um eine geschützte Bucht für ankernde Boote zu schaffen, die auch von ambitionierten Schnorchlern erkundet werden können. Weniger bekannt und deutlich kleiner sind die drei Bulwer Wrecks am Strand des gleichnamigen Ortes, welche nur bei Flut unter Wasser sind.

Von Juni bis November bietet das Meer vor Moreton Island ein ganz besonderes Spektakel. Buckelwale ziehen dann vorbei, und am besten sieht man sie am Cape Moreton vom ältesten Leuchtturm Queenslands aus. Wen die Aussicht von hier oben noch nicht genug beeindruckt, dem sei eine Wanderung auf den mit 285 Metern höchsten Punkt der Insel (und zugleich der höchsten, bewachsenen Sanddüne der südlichen Hemisphäre), den Mount Tempest, mit seinem beeindruckenden 360-Grad-Panorama ans Herz gelegt. Wer „richtige" Sanddünen sehen möchte, hat gleich drei Optionen: The Desert, Big Sandhills und Little Sandhills. Mit einem Sandboard (8 AUD auf der MICAT-Fähre) ausgerüstet, kann man mit hohem Tempo die Hügel herunter brettern, ansonsten rollt oder läuft es sich auch so spaßig den Abhang hinunter.

Um den vielen Sand abzuwaschen und sich in der Hitze abzukühlen, empfehlen sich die Champagne Pools am North Point der Insel. Bei Flut brechen hier über einer Felsenwand die Wellen und lassen das Wasser schäumen, während man sicher in den sandigen Becken davor badet. Oder man schwimmt in der Blue Lagoon, die ihrem Namen wegen der Teebaumöle im Wasser nicht immer gerecht wird, aber trotzdem wunderschön ist. Gleich nebenan findet sich auch der Honeyeater Lake, ein

Sandboarden

Paradies für Vogelfreunde. Von einer Plattform aus sieht man zahlreiche Wasservögel, und in den Banksien schwirren Honigfresser. Die Vielfalt und Menge der Vögel hier wird nur noch durch die Mirapool Lagoon im Süden der Insel getoppt.

Auch wenn einem die Insel heutzutage friedlich erscheint, so war sie doch in der Vergangenheit in beiden Weltkriegen eine wichtige Militärbasis, um den Hafen von Brisbane zu schützen. Sowohl Cowan Cowan an der Westküste als auch Rous Battery an der Ostküste hatten Abwehranlagen, Bunker und andere Militärgebäude, deren Überreste man teilweise heute noch sieht.

Info

Lage: 50 km nordöstlich von Brisbane und 50 km südlich der Sunshine Coast

Anfahrt: Per Autofähre oder Passagierschiff von Brisbane nach Tangalooma

- Autofähre:
  MICAT Vehicle Barge: von 14 Howard Smith Drive (Port of Brisbane) zum Nordende der Tangalooma Wrecks, Fahrzeit ca. 1,5 h, meist 1- bis 2-mal täglich (immer 8:30 Uhr) außer mittwochs, einfache Fahrt 28/18/75/90/108 AUD Erwachsener/Kind 4–14 J./Auto bis 5,2 m/6 m/7 m (inkl. Fahrer); www.moretonislandadventures.com.au; Tel.: +61 7 3909 3333

- Passagierschiff:
  Tangalooma Ferries: von der Holt Street Wharf (Pinkenba, Brisbane) zum Resort-Pier, Fahrzeit ca. 75 min, 4-mal täglich (hin: 7, 10, 12, 17 Uhr; zurück: 8:30, 14, 16, 19 Uhr), Hin- und Rückfahrt 80/45 AUD Erwachsener/Kind 3–14 J.; www.tangalooma.com.au; Tel.: +61 7 3637 2000

***Achtung*:** Auf der Insel gibt es keine Tankstelle und man braucht einen Geländewagen mit viel Bodenfreiheit.

Öffnungszeiten: immer

Eintritt: nichts (außer Geländewagen-Genehmigung, wenn man mit einem Fahrzeug kommt: www.qld.gov.au/camping ⇨ vehicle permit für Moreton Island; 51,60 AUD p. m.)

Aktivitäten: Wandern, Tierbeobachtungen, Baden, Schnorcheln, Fischen, Geländewagen fahren, Sandboarden

Unterkünfte:
- QPWS Campingplätze *The Wrecks*, *Ben-Ewa*, *Comboyuro Point*, *North Point* und *Blue Lagoon*: 5 Standardplätze ohne Strom, aber mit Wasser, Toiletten und kalten Duschen; zahllose naturnahe Plätze in den Campingzonen *North-West, Yellow Patch, North-East, South-West* und *South-East* um die ganze Insel verteilt; jeweils 6,55 AUD p. P. (ab 5 J.); Onlinebuchung: www.qld.gov.au/camping ⇨ camping
- *Castaways*: einfache Unterkünfte im Dorf; Safarizelt ab 144 AUD und Zimmer ab 128 AUD (mind. 2 Nächte); 14 Howard Smith Drive, Bulwer; www.moretonislandadventures.com.au; Tel.: +61 7 3909 3333

***Achtung*:** Müll kann nur in der Nähe der Campingplätze The Wrecks und Comboyuro Point entsorgt werden. Auf der Insel gibt es keine Rettungsschwimmer, deswegen beim Schwimmen auf Strömungen und Haie aufpassen. Das Tangalooma Island Resort darf nur als Übernachtungsgast und Tourteilnehmer betreten werden. Begrenzte Lebensmittel gibt es im Castaways in Bulwer und im Kooringal General Store. Der Strandabschnitt zwischen Kooringal und Tangalooma ist selbst bei Ebbe wegen Treibgut und wanderndem Sand nicht immer befahrbar.

38. Flinders Reef: Tauch- und Schnorchelparadies vor Moreton Island

Fünf Kilometer von Moreton Island entfernt findet sich ein Unterwasserparadies, das zwar als schlecht gehütetes Geheimnis unter einheimischen Tauchern gilt, internationalen Besuchern aber immer noch weitgehend unbekannt ist. Dabei muss es sich in keinster Weise vor dem Great Barrier Reef verstecken.

Das Flinders Reef bietet mehr Varianten an Hart- und Weichkorallen als irgendein anderes Riff entlang der Ostküste Australiens und ist das einzig richtige Korallenriff in der Umgebung von Brisbane. Mehr als 175 Fischarten sind hier ansässig, und die geringe Tiefe von drei bis 28 Metern erlaubt es sowohl zertifizierten Tauchern als auch Schnorchlern, das Riff und seine Bewohner zu entdecken.

Obwohl es im Moreton Bay Marine Park direkt vor der Küste der gleichnamigen Insel liegt, kommt man nur von Brisbane aus mit Tauchanbietern zu diesem kleinen Juwel. Dadurch dauert die Anreise leider mit bis zu eineinhalb Stunden etwas lange, aber dafür werden die Boote oft von Delfinen begleitet, die in den Bugwellen spielen und die Fahrt kurzweilig werden lassen. Ist man zwischen Juni und November unterwegs, gibt es oftmals sogar noch kostenlose Walbeobachtungen dazu: Dann ziehen nämlich Buckelwale auf ihrer Migrationsroute von der Antarktis zum Great Barrier Reef und zurück durch die Bucht und unterhalten einen mit ihren Akrobatikeinlagen.

Sobald man im Wasser beim Flinders Reef ist, begeistern die fantastischen Sichtweiten, die das ganze Jahr über herrschen. Vor lauter Fischreichtum weiß man gar nicht, ob man zuerst der Schule an Lippfischen folgen, die großen Stachelmakrelen näher unter die Lupe nehmen oder die bunten Papageienfische beim lauten Knabbern am Riff beobachten soll. Je tiefer man geht, desto größer wird die Wahrscheinlichkeit, Adlerrochen, friedliche Riff-, Teppich-, Ammen-, Leopardenhaie und sogar Mantarochen zu sehen. Und so beeindruckend diese Begegnungen doch sind, die wahren Stars am Flinders Reef sind eigentlich andere. Zahlreiche Grüne Meeresschildkröten, aber auch Unechte Karettschildkröten mit einer Länge von bis zu mehr als einem Meter lieben den unberührten Zustand der Korallen am Riff und tauchen immer wieder zwischen majestätischen Geweihkorallen, Seefächern und Schwämmen auf, um neugierig Taucher und Schnorchler zu inspizieren. Mit etwas Glück hört man unter Wasser während der Walsaison auch den Gesang der Meeressäuger, und es soll schon Taucher gegeben haben, die plötzlich im tiefen Blau ein Buckelwaljunges gesehen haben. Doch selbst wenn dies nicht der Fall ist, bieten zahlreiche Durchschwimm-Gelegenheiten, Höhlen, Steilwände, Rinnen und Unterwasserzinnen eine unglaubliche Unterwasserlandschaft, die einen diesen Tauchplatz nicht so schnell vergessen lassen werden.

Grüne Meeresschildkröten sind die heimlichen Stars des Flinders Reef.

Info

Lage: 50 km nordöstlich von Brisbane und 50 km südlich der Sunshine Coast

Anfahrt: Per Tauchboot ab Mooloolaba mit einem der folgenden Anbieter in 1–1,5 h:

- % *Sunreef Mooloolaba*: kleine Katamarane für bis zu 12 Passagiere, Tauchen ab 199 AUD (2 Tauchgänge) und Schnorcheln 159 AUD, 1- bis 2-mal pro Monat (Termine auf der Webseite) von 7–15:30 Uhr inkl. Mittagessen; The Wharf, 11/123 Parkyn Parade, Mooloolaba; www.sunreef.com.au; Tel.: +61 7 5444 5656
- % *Scubaworld*: komfortables Festrumpfschlauchboot für bis zu 12 Passagiere, Tauchen ab 249 AUD (3 Tauchgänge), 1- bis 2-mal pro Monat von April–November (Termine auf der Webseite), 7–15:30 Uhr inkl. Mittagessen; The Wharf, 11/123 Parkyn Parade, Mooloolaba; www.scubaworld.com.au; Tel.: +61 7 5444 8595

Aktivitäten: Tauchen, Schnorcheln

Gold Coast und Hinterland

39. Tamborine National Park: Queenslands Erster
40. Surfers Paradise: Villen-Sightseeing beim Stand-up-Paddeln
41. Springbrook National Park: Geheimnisvolle Lichter im Dschungel
42. Binna Burra Section (Lamington National Park): Erstklassige zweite Wahl für Regenwaldliebhaber
43. Green Mountains Section (Lamington National Park): Wasserfallparade im dichten Regenwald

Blick von den Morans Falls in der Green Mountains Section des Lamington National Park

South Stradbroke Island
39. Tamborine National Park
40. Surfers Paradise
Canungra
QUEENSLAND
Burleigh Heads
41. Springbrook National Park
42. Binna Burra Section
Lamington National Park
43. Green Mountains Section
NEW SOUTH WALES
Murwillumbah

39. Tamborine National Park: Queenslands Erster

Wer als Kontrast zum emsigen Surfers Paradise mit seinen überwältigenden Wolkenkratzern und Errungenschaften unserer modernen Zeit einen Ort der Ruhe sucht, der braucht nicht weit zu fahren. Als hätten die australischen Vorväter dieses Bedürfnis geahnt, wurde nur wenige Kilometer im Nordosten der Stadt vor über 100 Jahren der erste Nationalpark Queenslands deklariert.

Dieser Meilenstein für den Naturschutz wurde 1908 gesetzt, als die 131 Hektar große Witches Falls Section des Tamborine National Park unter Schutz gestellt wurde – der Anfang einer großartigen Erfolgsgeschichte, die dazu führte, dass mittlerweile Gebiete wie dieses fast acht Prozent der Fläche Queenslands ausmachen. Auslöser war, dass man selbst damals schon die Gefahr erkannte, die von uneingeschränkter Besiedelung und

Cedar Creek Section

sich ausdehnender Landwirtschaft für die Natur ausging. Vor allem die Küstengegend in der Umgebung des Haupthafens von Brisbane war bedroht. Offiziell gibt es 14 nicht zusammenhängende Sektionen, von denen allerdings nur sechs gut ausgebaute Wanderwege bieten. Die beliebteste ist ohne Frage die Cedar Creek Section, in der man nach kurzer Wanderung durch einen Wald hoher Eukalyptusbäume zu einer Plattform mit einem beeindruckenden Blick auf die in die Tiefe der Schlucht stürzenden Cedar Creek Falls kommt. Das wahre Highlight hier sind jedoch die etwas weiter flussabwärts gelegenen Felsenbecken, welche von Regenwald

Curtis Falls

Blick auf den Regenwald von oben

eingerahmt sind und von denen man ein paar offiziell zum Baden nutzen darf.

Die Joalah Section wartet ebenfalls mit einer prachtvollen Mischung an Eukalyptushainen, tropischem Regenwald, Palmen und Farnen auf. Die meisten Wanderer gehen hier den relativ kurzen Trail zu den Curtis Falls, doch auch wenn das Felsenbecken noch so verführerisch aussieht, darf man es ebenso wenig wie seine Umgebung (zum Schutz der ansässigen Glühwürmchen- und Schnabeltierpopulation) nicht betreten. Wem diese Wanderung nicht ausreicht, der kann sich auf den Lower Creek Circuit machen. Hier geht es eine Stunde über Stock und Stein, entlang des Flusses und quer über ihn, tief in den Dschungel hinein.

Auf keinen Fall verpassen sollte man natürlich die Witches Falls Section, welche das aller erste geschützte Land hier war. Der Wasserfall auf dem Witches Falls Circuit fließt zwar nur nach Regen, doch der sich dahinschlängelnde Weg ist auch so den Ausflug wert. Er führt in einer Stunde durch einen lichten Hain mit Banksien in den Regenwald mit imposanten Würgefeigen und Palmen, die sich um eine saisonale Lagune herum angesiedelt haben. Nach heftigem Regen erwacht sie zum Leben und es tummeln sich vielerlei Insekten- und Froscharten hier.

Wer noch mehr Zeit hat, kann die nahe gelegenen Sektionen Palm Grove, The Knoll und MacDonald besuchen, die weitere, relativ kurze Wanderpfade bieten. Erstere beherbergt neben Palmen auch einige bemerkenswerte Urwaldriesen, die teilweise enorme, flügelähnliche Brettwurzeln über dem Boden ausgebildet haben, um Stürmen besser Stand zu halten. In The Knoll empfiehlt sich ein Abstecher zum Cameron Falls Lookout, von dem aus man an klaren Tagen die D'Aguilar-Bergkette und sogar Brisbane erkennen kann.

Palmenwald in der Joalah Section

Da die Vielfalt der verschiedenen Mikroklimata und Vegetationszonen im Tamborine National Park einen idealen Rückzugsort für die wilde Tierwelt des dicht besiedelten und erschlossenen Gold Coast-Hinterlandes bietet, lohnt es sich hier besonders, nach den tierischen Bewohnern wie exotischen Vögeln, Kängurus, Riesen-Stachelskinks und Schmetterlingen Ausschau zu halten.

Info

Lage: 25 km nordwestlich von Surfers Paradise und 50 km südlich von Brisbane

Anfahrt:
- Aus Tamborine im Westen kommend, nimmt man die Tamborine Mountain Road.
- Vom Osten her bringt einen der vom Pacific Highway abbiegende Michigan Drive und dann die Tamborine Oxenford Road und Macdonnell Road auf den Berg.
- Über Canungra kommt man aus dem Süden über die Tamborine Mountain Road.

Die letzten beiden Zufahrtswege sind eng und kurvig und deshalb nicht für Wohnwägen geeignet. Die Zugangsstraßen zu den einzelnen Sektionen um Mount Tamborine herum sind gut ausgeschrieben.

Öffnungszeiten: immer (außer Cedar Creek Section; Öffnungszeiten Oktober–März: 6–20 Uhr, April–September: 6–18 Uhr)

Eintritt: nichts

Aktivitäten: Wandern, Tierbeobachtungen, Baden

Unterkünfte:
- *Stonehaven Manor*: herrenhausartige Unterkunft auf dem Plateau südlich der Joalah Section; Zimmer ab 149 AUD; 75-79 Geissmann Drive, Mount Tamborine; www.stonehavenmanor.com.au; Tel.: +61 7 5545 3462
- % *Avocado Sunset Bed and Breakfast:* kleines B&B am Rande der Siedlung mit grandioser Aussicht; 186 Beacon Road, North Tamborine; www.avocadosunset.com.au; Tel.: +61 7 5545 2365
- *Tamborine Mountain Caravan and Camping*: Campingplatz bei der Cedar Creek Section; Camping ab 13 AUD p. P. und Safarizelt ab 85 AUD; Ecke Cedar Creek Falls Road/Tamborine Mountain Road, Mount Tamborine; www.tamborine.info; Tel.: +61 7 5545 0034

40. Surfers Paradise: Villen-Sightseeing beim Stand-up-Paddeln

Das „Miami" der Gold Coast mit der beeindruckendsten Skyline der Ostküste lockt nicht nur Touristen in Scharen, sondern auch Leute mit dem nötigen Kleingeld, die sich hier an den zahlreichen Kanälen exklusive Villen mit eigenem Bootsanleger leisten. Wer schon immer einmal einen Blick in deren Gärten werfen wollte, dem sei eine Stand-up-Paddeltour durch ihren Hinterhof empfohlen.

Skyline von Surfers Paradise

Das wellenreiche Wasser der Gold Coast ist ein Traum für Surfbrettfans, und zwar in sprichwörtlich allen Lagen. Wellenreiter finden ihr Mekka auf der Meerseite des langen Sandstrandes, während das Revier der Stand-up-Paddler die Wasserstraßen im Westen der Hochhäusermeile sind.

Wer es gerne ruhig angehen lässt, den erwartet eine wunderbare Zeit im Budds Beach Reserve und der näheren Umgebung. Entlang des Nerang River findet man einen ausgedehnten Sandstrand und einen der wenigen Flecken, der nicht mit Villen und Privatstegen bebaut ist. Hier kann man die Seele baumeln lassen, ein Barbecue veranstalten und sich danach die Kalorien bei einer Stand-up-Paddleboard-Tour wieder abtrainieren. Denn obwohl obwohl diese Sportart auf den ersten Blick sehr entspannt aussieht, ist es ein Muskeltraining für den ganzen Körper – nur spürt man das glücklicherweise nicht, während man es macht, sondern meist erst am nächsten Tag.

Wer noch nie auf einem Stand-up-Paddleboard gestanden hat, wird das Ganze am Anfang als recht wackelige Angelegenheit empfinden. Nach kurzer Einweisung und hilfreichen Tipps finden die meisten aber recht schnell ihre Balance, und dann kann es auch schon losgehen. Je nachdem wie sicher man sich fühlt, kann man eine geführte Tour zum Macintosh Island Park mit seinen freilebenden Pfauen machen, oder man erkundet die umliegenden Kanäle auf eigene Faust.

Besonders interessant wird es, wenn man an den Hintergärten der reichen Villenbesitzer vorbei paddelt – und davon gibt es hier zahlreiche. Als *die* Feriendestination in Queensland scheint es, als würde jeder Australier, der es sich leisten kann, hier ein Grundstück besitzen. Aus reinem Spaß kann man sich überlegen, welches der imposanten Häuser man für sich selbst aussuchen würde, hätte man das nötige Kleingeld. Und wenn man schon dabei ist, kann man auch noch seinen Favoriten der vielen schicken Boote, die an den privaten Stegen liegen, wählen.

Blick auf das Kanalnetz des Nerang River und den Hauptstrand

Doch selbst wen schnöder Mammon nicht beeindrucken kann, der wird diese Tour auf diesem Fortbewegungsmittel der anderen Art genießen – und sich vor Überraschung und Freude kaum halten können, wenn neben ihm beim Paddeln Delfine auftauchen, was ziemlich regelmäßig der

Surfers Paradise

Fall ist. Wenn die in besonders guter Stimmung sind, dann kann es gar passieren, dass sie Luftsprünge vollführen – wobei man hier aufpassen muss, dass man vor lauter Schreck nicht selbst ins Wasser fällt.

Stand-up-Paddeln ist eine großartige Aktivität für Leute aller Altersklassen, besonders jedoch für Familien. Eltern sollten sich allerdings von vornherein auf etwas Frust einstellen: Kinder stehen nämlich meist viel schneller auf ihren Boards.

Info

Lage: Direkt in Surfers Paradise, 70 km südöstlich von Brisbane

Anfahrt: Vom Gold Coast Highway nimmt man am Paradise Resort die Birt Avenue nach Westen und kommt nach zwei Blocks auf den River Drive, der zum Budds Beach Reserve führt.

Öffnungszeiten / Eintritt / Aktivitäten:

- % *Go Vertical Stand Up Paddle Hire*: mittwochs bis sonntags um 9 Uhr 2 h geführte Paradise Tour für 65 AUD (ab 12 J.); Leihe täglich von 8–17 Uhr 1 h/2 h/0,5 Tag/1 Tag für 25/35/70/100 AUD p. P.; 19 River Drive, Shop 4 („Bumbles Café"), Budds Beach; www.govertical.com.au; Tel.: +61 4 2371 6625
- % *SUP in Paradise*: Leihe täglich von 9–17 Uhr 1 h/3 h/6 h für 20/50/70 AUD p. P.; 2b/25 River Drive, Budds Beach; www.supinparadise.com.au; Tel.: +61 4 1072 2034

Unterkünfte:

- *Broadwater Tourist Park*: Campingplatz an der Broadwater-Lagune nördlich von Surfers Paradise; Camping ab 48 AUD und Hütte ab 154 AUD (jeweils mind. 2 Nächte); 169 Marine Parade, Southport; www.goldcoasttouristparks.com.au/broadwater-parkhome; Tel.: +61 7 5667 2730
- *Main Beach Tourist Park*: Campingplatz am Beginn der Landzunge im Norden von Surfers Paradise fast direkt am Meer; Camping ab 48 AUD und Hütte ab 118 AUD (jeweils mind. 2 Nächte); 3600 Main Beach Parade, Main Beach; www.goldcoasttouristparks.com.au/mainbeach-parkhome; Tel.: +61 7 5667 2720
- *The Island*: Boutiquehotel mit *rooftop bar* unweit des Budds Beach Reserves; Zimmer ab 159 AUD; 3128 Surfers Paradise Boulevard, Surfers Paradise; www.theislandgoldcoast.com.au; Tel.: +61 7 5538 8000

41. Springbrook National Park: Geheimnisvolle Lichter im Dschungel

Eindrucksvolle Wasserfälle, üppiger Regenwald und imposante Aussichten ziehen Besucher von der strandverliebten Gold Coast in den tierreichen Springbrook National Park. Zahlreiche Wanderungen führen in die Schluchten dieses grünen Juwels, wo man sich wie in ein anderes Erdzeitalter zurückversetzt fühlt. Und wer bis zur Dunkelheit bleibt, dem offenbart sich ein ganz besonderes Erlebnis.

Aussicht über die Twin Falls

Der Park teilt sich in vier Sektionen namens Springbrook Plateau, Natural Bridge, Numinbah und Mount Cougal auf, wobei besonders die ersten beiden einen Besuch wert sind.

Das Springbrook Plateau bietet zahlreiche großartige Wanderungen und einige brillante Aussichtspunkte, wie zum Beispiel jenen bei den 60 Meter in die Tiefe stürzenden Goomoolahra Falls. In der Ferne erkennt man bei gutem Wetter die unwirklich erscheinenden Wolkenkratzer von Surfers Paradise, die Stradbroke- und Moreton-Inseln und das blaue Meer. Oder man genießt vom Best of All Lookout – umgeben von bis zu 3000 Jahre alten Buchen – die Sicht nach New South Wales.

Wer bei diesen traumhaften Ausblicken Lust bekommen hat, die Heidelandschaft, Eukalyptus- und Regenwälder der Umgebung zu erkunden, der findet an der Tallanbana Picnic Area den Beginn des zweistündigen Rundwegs zu den atemberaubenden Twin Falls, den man am besten gegen den Uhrzeigersinn geht. Hinter zwei Wasserfällen und durch große Felsspalten hindurch geht es unter Palmen und Baumfarnen entlang in die Schlucht, wo sich der doppelte Wasserfall in ein Felsenbecken ergießt, in dem man sich an heißen Tagen sogar abkühlen kann.

Das erste einer Kette von Felsenbecken unterhalb der Twin Falls

Wer eine ausgedehntere und anstrengendere Tour machen möchte, sollte sich auf die mit 17 Kilometern längste Wanderung des Parks wagen. Der Warrie Circuit beginnt an der Tallanbana Picnic Area oder an der Goomoolahra Picnic Area und führt steil hinab in die Schlucht zu den Goomoolahra Falls. Durch dichten Regenwald geht es kreuz und quer über Bäche und Rinnen an acht großartigen Wasserfällen vorbei, bis man nach fünf bis sechs Stunden die westliche Seite der Schlucht wieder hochsteigt.

Eine weitere exzellente, aber kürzere Wanderung namens Purling Brook Falls Circuit beginnt an der Gwongorella Picnic Area und führt in zwei Stunden (am besten im Uhrzeigersinn) zu den besonders nach Regenfällen fantastischen Tanninaba Falls und Purling Brook Falls. Letztere bieten zu ihren Füßen eine eindrucksvolle Hängebrücke, auf der man im Sprühnebel den Dschungel nach exotischen Vögeln absuchen kann.

Im Süden des Parks findet man die kleine, aber sehr beliebte Natural Bridge Section, die man über eine Fahrt durch das landschaftlich wunderschöne Numinbah Valley erreicht. Nach wenigen hundert Metern Wanderung über einige steile Stufen (deswegen am besten wieder im Uhrzeigersinn gehen) kommt man zu einem natürlich geformten Steinbogen, hinter dem sich der Cave Creek als Wasserfall in ein Felsenbecken ergießt. Schwimmen darf man hier leider nicht mehr, aus Rücksicht auf die „Glühwürmchen"-Kolonie in der Höhle. Diese sind eigentlich Larven der Langhornmücken und zaubern nachts (am eindrucksvollsten zwischen Dezember und März) einen künstlichen Sternenhimmel an die dunklen Felsen. Wer gerne noch mehr beeindruckende Biolumineszenz sehen möchte, sollte auf dem Rückweg im Dunkeln nach phosphoreszierenden Pilzen im Unterholz und zwischen den Bäumen tanzenden Leuchtkäfern Ausschau halten.

Natural Bridge mit Wasserfall des Cave Creek

Info

Lage: 90 km südöstlich von Brisbane und 25 km südwestlich von Surfers Paradise an der Grenze Queensland/New South Wales

Anfahrt:

- Von Nerang aus geht es über die Nerang Murwillumbah Road, Pine Creek Road und Springbrook Road in die Springbrook Plateau Section.
- Wer zur Natural Bridge möchte, darf von der Nerang Murwillumbah Road nicht abbiegen, sondern fährt immer weiter geradeaus bis zur Bakers Road, entlang derer sich Parkplätze befinden.

Achtung: Es gibt eine direktere Gold Coast-Verbindung über Mudgeeraba (Gold Coast Springbrook Road), die allerdings zu Redaktionsschluss aufgrund von Schäden durch den Zyklon Debbie im April 2017 noch geschlossen war.

Öffnungszeiten: immer

Eintritt: nichts

Aktivitäten: Wandern, Tierbeobachtungen, Baden

Achtung: Zum Schutz der „Glühwürmchen" unter der Natural Bridge soll man nicht mit Taschenlampen auf sie scheinen und kein Mückenspray verwenden.

Unterkünfte:

- QPWS Campingplatz *The Settlement*: Standardplatz in der Springbrook Plateau Section nahe der Purling Brooks Falls ohne Strom und Duschen, aber mit Wasser, Toiletten und kostenlosen, elektrischen Barbecues; 6,55 AUD p. P. (ab 5 J.); Onlinebuchung: www.qld.gov.au/camping ⇨ camping
- *Rosellas at Springbrook*: am Canyon Lookout am Rande der Springbrook Plateau Section gelegenes, kleines B&B; Zimmer ab 110 AUD; 8 Canyon Parade, Springbrook; www.rosellasspringbrook.com; Tel.: +61 4 1680 5359
- % *The Mouses House Rainforest Retreat*: kleines, im Regenwald in der Nähe der Twin Falls gelegenes, naturnahes Resort; Hütte ab 215 AUD; 2807 Springbrook Road, Springbrook; www.mouseshouse.com.au; Tel.: +61 7 5533 5192

Achtung: Mitgebrachter Müll muss wieder mitgenommen werden.

42. Binna Burra Section (Lamington National Park): Erstklassige zweite Wahl für Regenwaldliebhaber

Der östliche Teil des Lamington National Park ist deutlich weniger besucht als die westliche Green Mountains Section, doch keinesfalls minder beeindruckend. Spektakuläre Aussichten, unberührter Dschungel und eine interessante Tier- und Pflanzenwelt locken Wanderer, denen simple Natur ohne viel Schnickschnack reicht.

Sicht vom Bellbird Lookout über den Egg Rock und das Numinbah Valley

Von den offiziell 23 Wandertouren im Lamington National Park finden sich die meisten, nämlich 15, in der Binna Burra Section. Vom offenen Eukalyptuswald über temperierten bis hin zu subtropischem Regenwald ziehen sie sich durch ein buntes Potpourri an Vegetationszonen.

Zahlreiche Aussichtspunkte entlang der Trails erlauben herrliche Blicke über weite Täler oder enge Schluchten und laden zum Verweilen ein. Vom Bellbird Lookout aus sieht man zum Beispiel von einem steilen Kliff aus das Numinbah Valley und den markanten Egg Rock, welcher eine bedeutende Kultstätte für den lokalen Aboriginestamm ist.

Besuchern mit wenig Zeit, die aber den typischen warmen, subtropischen Regenwald des Lamington National Park sehen wollen, ist der Rainforest Circuit mit seinen Informationstafeln zur Flora und Fauna zu empfehlen. Fleißige Wanderer sollten sich den Coomera Circuit vornehmen, welcher innerhalb von circa sieben Stunden durch den dichten Dschungel, kreuz und quer über einen Fluss und an gigantischen Bäumen vorbei durch die 160 Meter tiefe Coomera Gorge führt. Wenn es in der Binna Burra Section auch bei Weitem nicht so viele Wasserfälle wie in der Green Mountains Section gibt, so lassen die Coomera Falls, Yarrabilgong Falls und Neerigomindalala Falls entlang dieses Trails Wasserfallfans trotzdem auf ihre Kosten kommen und machen diesen Pfad zu einem der besten in der Binna Burra Section.

Weit verbreitet: Richmond Birdwing Butterfly

Ein besonderes Augenmerk sollte man in den Wäldern der Binna Burra Section auf die Bäume selbst werfen, da sie den Ureinwohnern als Vorratskammer und Medizinschrank dienten. Auf dem Tullawallal Circuit und dem Mount Hobwee Circuit zum Beispiel finden sich in den Gipfelregionen Südbuchen, die im Sommer ein beliebter Wirt für einen Pilz sind, der kleinen Orangen gleicht und den die Aborigines gerne aßen. Ungefähr genauso alt wie die Südbuchen, die es schon auf dem Urkontinent Gondwana gab, sind die immergrünen Araukarien (Koniferen mit extrem schmalen Laubblättern statt Nadeln) auf dem gleichnamigen Wanderweg. Und auch für diesen Baum hatten die Ureinwohner Verwendung; sie benutzten nämlich sein Harz als Kleber. In den hohen Lagen der Ship Stern Range findet sich zudem eine ganz besondere Eukalyptusart, in deren meist weißer Rinde Mottenraupen Spuren hinterlassen, die wie hingekritzelt aussehen und den Bäumen den Spitznamen „Scribbly Gum“ verpassen.

Das Harz dieser Bäume hat antibakterielle Eigenschaften und wurde von den Aborigines benutzt, um offene Wunden zu versorgen.

Ebenso faszinierend wie die Pflanzenwelt ist auch die Tierwelt in der Binna Burra Section. Kurz vor oder nach Regen lohnt es sich bespielsweise den Boden nach gigantischen Regenwürmern abzusuchen, die bis zu einem Meter lang werden können. Ästhetisch ansprechender sind jedoch sicher die großen Schmetterlinge und Koalas, die man in den Baumkronen lichter Eukalyptushaine sehen kann. Wer genau hinhört, dem fällt unter all den ungewöhnlichen Urwaldgeräuschen der langsam anschwellende und zum Ende explodierende Ruf des Schwarzkopf-Wippflöters auf. Und mit etwas Glück läuft einem vielleicht sogar ein Schnabeligel oder einer der seltenen Beutelmarder über den Weg.

Info

Lage: 85 km südlich von Brisbane und 35 km südwestlich von der Gold Coast an der Grenze Queensland/New South Wales

Anfahrt: Von Nerang aus geht es ab dem Pacific Motorway ca. 9 km über die Beaudesert Nerang Road, die zur Nerang Murwillumbah Road wird. Anschließend auf die kurvige Beechmont Road abbiegen und im Kreisverkehr in Beechmont die Ausfahrt zur engen Binna Burra Road nehmen, an deren Ende sich der Parkeingang und die Binna Burra Mountain Lodge befinden.

Öffnungszeiten: immer

Eintritt: nichts

Aktivitäten: Wandern, Tierbeobachtungen

Unterkünfte:

- % *Binna Burra Lodge*: sowohl schicke, moderne als auch rustikale Unterkünfte sowie Campingplatz mitten im Park; Camping ab 30 AUD, Safarizelt ab 74 AUD und Zimmer ab 99 AUD; 1040 Binna Burra Road, Beechmont; www.binnaburralodge.com.au; Tel.: +61 7 5533 3622
- % *Cedarview Bed & Breakfast*: kleines B&B vor dem Parkeingang; Zimmer ab 185 AUD; 504 Binna Burra Road, Beechmont; www.cedarview.com.au; Tel.: +61 4 2172 8508

43. Green Mountains Section (Lamington National Park): Wasserfallparade im dichten Regenwald

Wer mit dem Vorsatz, einen echten Regenwald zu sehen nach Süd-Queensland kommt, darf auf keinen Fall die Green Mountains Section des Lamington National Park verpassen. Zahlreiche Kilometer an Wanderwegen ziehen sich durch dichten, tropischen Dschungel voll exotischer Vogelgesänge, vorbei an unzähligen paradiesischen Wasserfällen und 1000 Jahre alten Baumriesen mit mehreren Metern Umfang.

Dschungel-Feeling pur in der Green Mountains Section

Der Ausgangspunkt für die meisten Trails in dieser sehr beliebten, westlichen Hälfte des Nationalparks ist der Resortkomplex O'Reilly's Rainforest Retreat mitten im Zentrum. Hier wird man gleich nach der Ankunft meist von einem ganz besonderen Begrüßungskomitee willkommen geheißen: farbenfrohen Papageien, die sich besonders über kleine Körnersnacks freuen. Und am frühen Morgen und späten Nachmittag wuselt es am nahe gelegenen Campingplatz von Pademelons, einer Beuteltierart, die ebenfalls so zahm sind, dass sich auch ohne Zoom tolle Aufnahmen machen lassen.

Pademelons auf dem Nationalpark-Campingplatz

Die Green Mountains sind zwar kein richtiger Geheimtipp mehr, aber ihre Beliebtheit kommt auch nicht von ungefähr. Nirgendwo anders gibt es im südlichen Queensland so eine Fülle an Wasserfällen (über 500) und so dichten, subtropischen Regenwald wie hier. Kein Wunder also, dass es um O'Reilly's herum ziemlich geschäftig zugehen kann.

Mächtige Bäume mit mehreren Metern Umfang säumen den Box Forest Circuit.

Doch auch wer die Einsamkeit liebt, sollte einige der einfach erreichbaren Highlights des Parks besuchen – zum Beispiel den weltweit ersten Tree Top Walk mit neun Brücken über eine Gesamtdistanz von 200 Metern in 15 Metern Höhe. Wer sich die steile (aber gut gesicherte) Leiter zum höchsten Aussichtspunkt auf 30 Metern nicht hinauf traut oder kleine Kinder dabei hat, kann stattdessen auch den nahegelegenen Mick's Tower mit seinen unzähligen Stufen besteigen, um von dort in 18 Metern Höhe einen nicht minder tollen Blick zu genießen. Auf dem Weg dorthin bietet es sich an, den kurzen Abstecher zum Wishing Tree zu machen. Diese riesige, uralte und innen hohle Würgefeige hat ihren Wirtsbaum schon lange überlebt, und an seiner statt kann man sich nun in die Mitte des Wurzelwerks stellen und beim Blick nach oben in vielen Metern Höhe sogar den Himmel erkennen.

Elabana Falls am Box Forest Circuit

Zehn Wanderwegen in unterschiedlichen Längen lassen Besucher tiefer und tiefer in den Dschungel eintauchen, und je weiter man sich von O'Reilly's entfernt, desto einsamer wird es. Wer nur Zeit für eine einzige ausgedehntere Wanderung hat, sollte sich unbedingt den circa fünf Stunden dauernden Box Forest Circuit vornehmen. Hier geht es an gigantischen Bäumen mit riesigen Wurzeln und Stämmen vorbei zu den wohl malerischsten Wasserfällen der Sektion, den Elabana Falls und Box Log Falls. Doch auch die anderen längeren Wege wie der Track zu den Morans Falls, der Toolona Creek Circuit mit den traumhaften Chalahn Falls und Gwongurai Falls sowie der Albert River Circuit sind ideal, um einen Tag lang im Dschungel unterzutauchen, wo die einzigen Geräusche exotische Vogelstimmen und rauschendes Wasser sind.

Wer nach all der Beinarbeit noch Energie übrig hat, kann sich nachts auf eine geführte Tour zum Glow Worm Gully aufmachen. Millionen kleiner „Glühwürmchen" (eigentlich Langhornmückenlarven) verwandeln hier die Schluchtwand in eine magisch glitzernde Sternendecke.

Egal, wie viel Zeit man für die Green Mountains eingeplant hat, man wird am Ende immer feststellen, dass es nicht genug war. Am besten sollte man von vornherein schon mindestens zwei bis drei Nächte veranschlagen.

Info

Lage: 85 km südlich von Brisbane und 35 km südwestlich von der Gold Coast an der Grenze Queensland/New South Wales

Anfahrt: Von Canungra aus geht es über die 35 km lange Lamington National Park Road direkt zum Parkeingang.

Achtung: Die Straße ist sehr kurvig und teilweise eng und steil, deswegen ist sie nicht für Fahrzeuge über 4 m Länge und (Wohnmobil-)Anhänger geeignet. Beim Zurückfahren sollte man nicht vergessen, wann immer möglich die Motorbremse zu benutzen.

Öffnungszeiten: immer

Eintritt: nichts

Aktivitäten: Wandern, Tierbeobachtungen

- % *O'Reilly's Rainforest Retreat*: bietet auch für Nicht-Übernachtungsgäste geführte Touren zum Glow Worm Gully an; Glowworm Tour täglich ab 20 Uhr (am besten zw. Dezember und März); 30/15 AUD Erwachsener/Kind; www.oreillys.com.au/activities/glow-worm-experience; Tel.: +61 7 5502 4911

Unterkünfte:

- QPWS Campingplatz *Green Mountains*: Standardplatz direkt neben O'Reilly's im Park ohne Strom, aber mit heißen Duschen, Toiletten und Wasser; 6,55 AUD p. P. (ab 5 J.); Onlinebuchung: www.qld.gov.au/camping ⇨ camping
- % *O'Reilly's Rainforest Retreat*: schickes, privates Resort mit Restaurant mitten im Park; Zimmer ab 144 AUD; 3582 Lamington National Park Road, Canungra; www.oreillys.com.au; Tel.: +61 7 5502 4911
- *Spring Gully Stays*: einsam gelegener Campingplatz an einem Fluss im Tal; Camping ab 12,50 AUD p. P., Safarizelt ab 25 AUD p. P.; 334 Sarabah Road, Sarabah; www.springgullystays.com.au; Tel.: +61 7 5543 4490

Darling Downs

44. Sundown National Park: Schluchtenabenteuer im Grenzgebiet
45. Girraween National Park: Steingarten der Riesen
46. Granite Belt: Berauschende Tour durch Queenslands Weinmekka
47. Warwick: Eldorado für Goldsucher
48. Condamine Gorge: Nasser Offroad-Fahrspaß
49. Mount Barney National Park: Erfrischende Talwanderungen
50. Main Range National Park: Wanderparadies mit Geschichte

Weingarten im Granite Belt

Ipswitch
Boonah
50. Main Range National Park
49. Mount Barney National Park
47. Warwick
48. Condamine Gorge
QUEENSLAND
46. Granite Belt
NEW SOUTH WALES
45. Girraween National Park
44. Sundown National Park
Tenterfield

44. Sundown National Park: Schluchtenabenteuer im Grenzgebiet

Die abgelegene und tierreiche Wildnis des Sundown National Park an der Grenze zu New South Wales bezaubert mit steilen Schluchten, dicht bewaldeten Bergen und klaren Flüssen, in denen sich Vogelbeobachter, Wanderer, Naturliebhaber und Geländewagenfans gleichermaßen austoben können.

Der Park hat drei Zugänge, welche nicht mit Straßen innerhalb des Parks verbunden sind. Der am besten erschlossene Teil findet sich im Süden, wo die Broadwater Camping Area als Ausgangspunkt zahlreicher Wanderungen fungiert.

Zu den beliebtesten zählt der Spaziergang zum einen Kilometer entfernten Permanent Waterhole, welches selbst in der Trockenzeit ein tiefes Wasserloch zum Schwimmen bietet. In den Bäumen über einem lassen sich manchmal azurblaue Eisvögel erspähen, und im Winter und Frühling naschen Honigfresser an den farbigen Zylinderputzersträuchern. Auch wenn dies ein wunderbares Plätzchen tagsüber im Sonnenschein für uns Menschen ist, so bevorzugen die Tiere das Wasserloch zur Abenddämmerung: dann kommen Wallabys zum Trinken heraus, und mit etwas Glück kann man Schnabeltiere zu Gesicht bekommen. Die größten Chancen sie zu sehen hat man, wenn man sich hinsetzt, ruhig verhält und die Oberfläche nach kleinen Bugwellen absucht.

Eine etwas längere Tour von eineinhalb Stunden bietet der Western Circuit, der um den Hügel beim Campingplatz herum führt. Nach einer kleinen Bachüberquerung geht es stetig aufwärts, bevor man eine Panoramaaussicht über das Tal bekommt. Auf dem Rückweg lohnt sich ein Blick in die Bäume und über die Grasflächen, da man hier oft Papageien, Diamantfinken und Graue Riesenkängurus findet.

Wer Lust auf mehr hat, kann dem vier Stunden langen Ooline Creek Track folgen. Durch eine steile Schlucht mit Felsenbecken und Kletterpflanzen geht es entlang des Baches vorbei an gefährdeten Ooline-Bäumen. Deren Ursprung liegt eigentlich im feuchten Regenwald, was sie zu 1,6 Millionen Jahre alten, lebenden Fossilien macht, die aus einer Zeit stammen, als Inland-Australien noch ein tropisches Klima hatte.

Im Norden des Parks liegen die Nundubbermere Falls, die man vom Parkplatz aus in 20 Minuten über einen nicht ausgeschilderten Pfad talabwärts erreicht. Wenn man sich leise anpirscht, lassen sich oft seltene Pinselschwanzkängurus in den Felsen bei den Wasserfällen erspähen, die allerdings schnell verschwinden wenn man sich im Wasserbecken abkühlt.

Die wilde und abgelegene North Eastern Section ist nur etwas für Leute mit Geländewagen. Als ersten Stopp empfiehlt sich der Red Rock Gorge Lookout, mit einer spektakulären Aussicht über die Schlucht. Wanderfalken und andere Raubvögel drehen hier ihre Runden vor einer rostroten Steilwand, über welche sich nach Regen ein imposanter Wasserfall ergießt. Im Winter lohnt es sich hier übrigens die Ohren zu spitzen, um den Balzgesang des männlichen Leierschwanzes zu hören.

Am Ende der 16 Kilometer langen Staubpiste findet sich Burrows Waterhole, von wo aus man in eineinhalb Stunden zu Fuß die markante Felsnase Rats Castle erreicht. Dabei geht es am Severn River entlang bis zum Sundown Creek, und dann auf einem steilen Weg hinauf zum Aussichtspunkt. Auf dem Rückweg kommt man an zahlreichen Felsenbecken vorbei, also Badesachen nicht vergessen.

Ende des 19. Jahrhunderts wurden in dieser Gegend Zinn, Kupfer und Arsen abgebaut, weshalb man auch heute noch Relikte aus jener Zeit am Rande des Tracks finden kann. So sehr die Neugier jedoch auch lockt, man sollte sie nicht näher erkunden, da sie leider kontaminiert sind.

Blick vom Red Rock Gorge Lookout

Info

Lage: 200 km südwestlich von Brisbane und 30 km südwestlich von Stanthorpe

Anfahrt:

- The Broadwater: Von Stanthorpe fährt man über die Texas Road und die Glenlyon Dam Road auf die ungeteerte, aber mit normalen Autos befahrbare Permanents Road. Aus Tenterfield in New South Wales kommend, geht es über den New England Highway, den Bruxner Highway, die Mingoola Station Road und die Glenlyon Dam Road auf die Permanents Road.
- Nundubbermere Falls: Von Stanthorpe aus fährt man über die Texas Road auf die Nundubbermere Road und die Falls Road (die letzten 15 km sind ungeteert, aber für normale Autos geeignet).
- North Eastern Section: Von Ballandean geht es über die Curr Road und Sundown Road zum Parkeingang. Ab hier benötigt man für die restlichen 20 km bis zu 2 h und einen anhängerlosen Geländewagen mit viel Bodenfreiheit und reduziertem Reifendruck. Sollten Tore passiert werden, so sind diese immer in dem Zustand zu hinterlassen, wie sie vorgefunden wurden.

Öffnungszeiten: immer

Eintritt: nichts

Aktivitäten: Wandern, Tierbeobachtungen, Baden, Fischen

Unterkünfte:

- QPWS Campingplätze *The Broadwater*, *Nundubbermere Falls*, *Red Rock Gorge*, *Reedy Waterhole* und *Burrows Waterhole*: 5 Standardplätze ohne Strom, aber teilweise mit Wasser (*The Broadwater* und *Red Rock Gorge*), Toiletten (*The Broadwater* und *Burrows Waterhole*) und holzbeheizten Duschen (*The Broadwater* – Holz muss mitgebracht werden); jeweils 6,55 AUD p. P. (ab 5 J.); Onlinebuchung: www.qld.gov.au/camping ⇨ camping
- *Karinya Farmstay*: Farm mit einfachem Campingplatz ohne Strom und historischen Schafscherer-Unterkünften von 1937; Camping ab 30 AUD und Zimmer ab 95 AUD; Springfield Road, Mole River; www.karinya.com.au; Tel.: +61 4 2134 3435

***Achtung*:** Keine Einkaufsmöglichkeiten im Park, d. h. Besucher müssen alles Nötige wie Essen, Wasser, etc. selbst mitbringen. Mitgebrachter Müll muss wieder mitgenommen werden.

45. Girraween National Park: Steingarten der Riesen

„Platz der Blumen" heißt „girraween" in der Sprache des hiesigen Aboriginestammes, und besucht man den Park im Frühling, weiß man sofort, warum. Abermillionen Wildblumen bedecken dann jedes freie Fleckchen zwischen teilweise kurios geformten Granitfelsen aller Größen, und man findet sich in einem wahren Farbenrausch wieder.

Jedem Australienbesucher sind in irgendeiner Urlaubsbroschüre zu dem Land schon einmal die berühmten Devils Marbles im Red Centre ins Auge gefallen: heikel aufeinander getürmte Granitfelsen, bei denen man Angst haben muss, dass sie mit einem Stups umfallen. Doch kaum jemand weiß, dass Queensland seine eigene Version davon im Girraween National Park hat – und zwar ohne die unzähligen Fliegen und die brütende Hitze des trockenen Outbacks.

Der Balancing Rock wartet auf die fleißigen Bezwinger der Pyramid.

Pause am Bald Rock Creek

Der Girraween National Park teilt sich in drei Sektionen, namens Northern, Southern und Eastern Section, die durch Straßen innerhalb des Parks verbunden sind. Der beliebteste Abschnitt mit den meisten Wanderungen findet sich im Norden, mit Ausgangspunkt am Besucherzentrum beziehungsweise an der daneben liegenden Bald Rock Creek Day Use Area. Von hier aus erreicht man auch den unglaublichen Balancing Rock, den man sich nur mit Vorsicht traut anzufassen. Allerdings gibt es ihn nur als Belohnung für jene, die zuerst die teilweise recht steile Pyramid in einem einstündigen Marsch erklommen haben – was sich jedoch allein schon wegen der Aussicht von hier oben lohnt. Auf dem Rückweg empfiehlt sich ein Abstecher zum nicht weniger spektakulären Granite Arch, der an ein kolossales Hünengrab erinnert.

Im Frühling nicht verpassen sollte man The Junction, den Pfad mit der imposantesten Darbietung an Wildblumen. Wer während der zweistündigen Wanderung entlang des Flussbetts des Bald Rock Creek die Büsche genauer ansieht, wird sie voller Honigfresser und Papageien finden. Hat man kleine Kinder dabei, ist der nur 300 Meter lange Wyberba Walk zum Fluss ideal, da er einen perfekten Wasserspielplatz bietet und die Kleinen hier sogar nach kleinen Schildkröten suchen können.

Blick über den Girraween National Park

Wenige Meter südlich des Besucherzentrums beginnen die längeren Wege in die Southern Section des Parks. Castle Rock erreicht man in ungefähr einer Stunde, und wie von der Pyramid aus bieten sich auch hier beeindruckende Blicke in die Ferne. Wer noch nicht genug von kuriosen Steinformationen und genügend Energiereserven hat, darf auf keinen Fall The Sphinx und Turtle Rock verpassen, und der riesige Monolith Mt. Norman lässt sich sogar besteigen.

Hat man genügend Zeit mitgebracht, sollte man auch die Eastern Section des Parks besuchen. Die Ruhe dieses weniger besuchten Parkabschnitts lässt sich am besten am Dr. Roberts Waterhole genießen, bevor man auf den Underground Creek Trail aufbricht und entlang des Bald Rock Creek sieht, wie kleine Strudel im Laufe der Zeit kunstvolle Wasserlöcher geformt haben. Der Höhepunkt dieser Wanderung ist jedoch die Stelle, an der der Fluss plötzlich im Untergrund des Flussbetts verschwindet – daher auch der Name dieses Pfades.

Egal, für welche Wanderung(en) man sich letztendlich entscheidet, im Girraween National Park sollte man immer die Augen nach einem ganz besonderen, tierischen Bewohner offen halten: dem Schnabeligel. Dieser kommt hier recht zahlreich vor und verrät sich oftmals durch seine lauten Bewegungen im Unterholz.

Info

Lage: 190 km südwestlich von Brisbane und auf halber Strecke zwischen Stanthorpe und Tenterfield, an der Grenze Queensland/New South Wales

Anfahrt: Die Eingänge zu allen drei Sektionen finden sich entlang der Pyramid Road, welche man über drei Zufahrtsstraßen und Eingänge erreicht:

- Western Entrance: Von Stanthorpe aus fährt man auf dem New England Highway nach Süden und biegt dann auf die Pyramids Road ab, die einen direkt zum Parkeingang und zum Besucherzentrum bringt.
- Northern Entrance: Von Stanthorpe aus geht es über die Sugarloaf Road, Eukey Road und die gut mit einem normalen Auto befahrbare, aber ungeteerte Breens Road auf die Pyramids Road, welche am Dr. Roberts Carpark (dem Ausgangspunkt für Wanderungen in der Eastern Section) vorbei bis zum 4 km entfernten Besucherzentrum führt.
- Southern Entrance: Reisende aus New South Wales nehmen ab Tenterfield den New England Highway in den Norden bis nach Wallangarra. Dort geht es über die Rockwell Street, Woddlawn Street und Merawa Street auf die andere Seite der Gleise zur Mt. Norman Road, welche nach 2 km zur Staubpiste wird und bis zur Mount Norman Day Use Area mit normalen Autos befahren werden kann. Ab hier braucht man für die restlichen 25 km zum Western Entrance einen Geländewagen.

Öffnungszeiten: immer

Eintritt: nichts

Aktivitäten: Wandern, Tierbeobachtungen, Baden

Unterkünfte:

- QPWS Campingplätze *Bald Rock Creek* und *Castle Rock*: Standardplätze im Park ohne Strom, aber mit heißen Duschen, Wasser, Picknicktischen, Toiletten und Holzgrills (Holz muss mitgebracht werden); jeweils 6,55 AUD p. P. (ab 5 J.); Onlinebuchung: www.qld.gov.au/camping ⇨ camping
- % *Girraween Environmental Lodge*: zehn Chalets mit Pool im Busch direkt vor dem Western Entrance zum Park; Hütte ab 270 AUD; Wrens Lane, Wyberba; www.girraweenlodge.com.au; Tel.: +61 7 4684 5138

***Achtung*:** Mitgebrachter Müll muss wieder mitgenommen werden.

46. Granite Belt: Berauschende Tour durch Queenslands Weinmekka

Was das Barossa Valley den südaustralischen Weinkennern und Margaret River den westaustralischen Sommeliers ist, das ist der Granite Belt den Weinliebhabern aus Queensland. Eine Höhenlage von fast 1000 Metern, perfekte Temperaturen und sandige Erde sind ideale Voraussetzungen, um hier Reben aus aller Welt anzubauen und zu Wein zu veredeln.

Weingarten im Granite Belt

Mittlerweile finden sich in dieser Gegend mehr als 50 Winzer, die große Erfolge mit Klassikern wie Shiraz, Cabernet Sauvignon, Merlot und Chardonnay erzielen. Doch auch weniger bekannte Reben wie Verdelho, Nebbiolo, Sangiovese und Petit Verdot werden immer öfter verwendet, wobei Weine aus solchen Trauben hier liebevoll „*strange birds*" genannt werden.

Besucher des Granite Belt haben die Möglichkeit entweder selbst von Weinkeller zu Weinkeller zu fahren, um die edlen Tropfen zu probieren, oder den Shuttleservice ihrer Unterkunft oder eines Touranbieters zu nutzen. Bei den beiden letzteren Optionen hat man natürlich den Vorteil, dass jeder probieren darf so viel er will und keiner mehr fahren muss. Dabei kann man sich entweder auf das einheimische Know-how verlassen oder auch spezielle Wünsche zu bestimmten Weingütern äußern.

Seine Tour könnte man zum Beispiel beim kleinen Familienbetrieb von Harrington Glen Estate starten. Dieses Weingut entstand aus einer Laune heraus, als ein Rentnerpärchen während seines Urlaubs zufällig ein Grundstück mit idealen Bedingungen für den Weinbau fand und einfach kaufte. Ohne Ahnung, aber mit viel Liebe und Hilfe und Rat von Nachbarn haben sich die beiden in den letzten 20 Jahren einen kleinen, aber feinen Weinberg mit Kellerei aufgebaut und unter anderem schon zweimal den Preis für Queenslands besten Rotwein gewonnen.

Wer seinen Wein auf der Veranda eines klassischen, alten Queenslander Haus aus den 1920er-Jahren mit Blick über die Weinberge einnehmen möchte, sollte sich auf zu Twisted Gum machen. Hier werden kleine Mengen hochqualitativer Bio-Weine produziert, die Jahr für Jahr hohe Punktzahlen von James Halliday, dem Weinguru Australiens, erhalten.

Für den ganz besonders exquisiten Gaumen ist ein Stopp bei Symphony Hill Wines unerlässlich. Die Weine räumen Jahr für Jahr einen Preis nach dem anderen ab, und der Kellermeister Mike Hayes wurde im letzten Jahr sogar zum Besten seines Fachs in ganz Australien gewählt. Kein Wunder also, dass man sich nicht scheute, Barack Obama sowie Prinz William und Prinzessin Kate diese edlen Tropfen zu servieren.

März ist der typische Monat für die Traubenernte im Granite Belt.

Rares und Gutes gibt es auch bei Tobin Wines, die mit nur 100 bis 160 Kisten pro Sorte und Jahr Limited Edition-Weine herstellen. Dass ihr Augenmerk nicht auf der Kellerei selbst, sondern auf der Qualität der Trauben liegt, merkt man schon dadurch, dass sie einem die verschiedensten Mikroklimata ihres Grundstücks erklären können.

Auf drei Generationen an Winzern bringt es Golden Grove Estate. Wer neben normalen Weinen auch ein „*strange bird*" probieren möchte, ist hier an der richtigen Adresse. Da man sich wahrscheinlich schwer tun wird, diese Exoten auch zu Hause zu bekommen, empfiehlt es sich, gleich ein paar Flaschen seiner Favoriten mitzunehmen.

Wer nicht genug Zeit hat, einen oder mehrere Winzer zu besuchen, aber dennoch einen Eindruck von der Weinvielfalt hier bekommen möchte, dem ist ein Besuch im preisgekrönten Varias Restaurant in Stanthorpe zu empfehlen. Es ist Teil des Queensland College of Wine Tourism, das sich ganz und gar dem Wein, dem Tourismus und dem Gastgewerbe verschrieben hat.

Weinflaschen direkt vom Winzer sind ein ganz besonderes Urlaubsmitbringsel.

Info

Lage: 10-20 km südwestlich von Stanthorpe

Anfahrt / Öffnungszeiten:

- *Harrington Glen Estate*: 1 km südlich von Glen Aplin; täglich 10–17 Uhr; 88 Townsend Road, Glen Aplin; www.harringtonglenwines.com.au; Tel.: + 61 7 4683 4388
- *Twisted Gum*: 4 km östlich von Ballandean; Samstag und Sonntag 10–16 Uhr sowie nach Absprache; 2253 Eukey Road, Ballandean; www.twistedgum.com.au; Tel.: +61 7 4684 1282
- *Symphony Hill Wines*: 2,5 km östlich von Twisted Gum; täglich 10–16 Uhr; 2017 Eukey Road, Ballandean; www.symphonyhill.com.au; Tel.: +61 7 4684 1388
- *Tobin Wines*: 2,5 km südöstlich von Ballandean; Freitag–Montag, 10–17 Uhr; 34 Ricca Road, Ballandean; www.tobinwines.com.au; Tel.: +61 7 4684 1235
- *Golden Grove Estate*: 1 km südlich von Tobin Wines; täglich von 9–16 Uhr, samstags bis 17 Uhr; 337 Sundown Road, Ballandean; www.goldengroveestate.com.au; Tel.: +61 7 4684 1291

Aktivitäten: Weingut-Touren, Weinprobe

- *Granite Highlands Maxi-Tours*: geführte Weintour ab 85 AUD p. P.; www.maxitours.com.au; Tel.: +61 7 4681 3969

Unterkünfte:

- *Harrington Glen Estate*: Übernachtung in einem alten Zug ab 150 AUD; 88 Townsend Road, Glen Aplin; www.harringtonglenwines.com.au; Tel.: + 61 7 4683 4388
- *Twisted Gum*: altes Queenslander Haus von 1920 mit drei Schlafzimmern für 6 Personen für 330 AUD (mind. 2 Nächte); 2253 Eukey Road, Ballandean; www.twistedgum.com.au; Tel.: +61 7 4684 1282
- *Country Style Caravan Park*: kleiner Campingplatz am Severn River zwischen Ballandean und Stanthorpe gelegen; Campingplatz ab 25 AUD und Hütten ab 90 AUD; www.countrystylecaravanpark.com.au; Tel.: +61 7 4683 4358

Restaurant:

- *Varias Restaurant*: lokale Zutaten und Weine; Frühstück (sonntags), Mittagessen (täglich) und Abendessen (freitags und samstags); 22 Caves Road, Stanthorpe; www.qcwt.com.au/varias-restaurant; Tel.: +61 7 4685 5050

Achtung: Der deutsche Zoll lässt nur 4 l Wein pro Erwachsenem abgabenfrei ins Land.

47. Warwick: Eldorado für Goldsucher

Wer sich schon immer geärgert hat, dass er zu spät für die Goldgräberzeit im Wilden Westen geboren wurde, der bekommt westlich von Warwick eine einmalige Chance geboten. Hier kann man auch heute noch nach dem glänzenden Edelmetall suchen – und mit etwas Glück auch finden.

Goldwaschpfannen sind immer noch ein beliebtes Equipment moderner Goldsucher.

Mitte des 19. Jahrhunderts wurde im südlichen Queensland das erste Mal Gold gefunden, und zwar im Lucky Valley Goldfield, nur wenige Kilometer von Warwick entfernt. Die gängigste Art der Goldablagerung in der Gegend ist Flussgold, das man in den oberen Schichten sowohl trockener als auch gefüllter Flussbetten finden kann. Perfekt also zum Goldwaschen mit einer Pfanne, um sich wie ein richtiger Goldsucher von anno dazumal zu fühlen.

Offiziell gibt es drei *fossicking areas* im Westen von Warwick, die von Hobby-Goldsuchern umgeackert werden dürfen: Thanes Creek, Talgai State Forest und Durikai State Forest. Bei Trockenheit kann das für Goldwaschen nötige Wasser des Thanes Creek knapp sein, aber kleine Wasserlöcher bleiben in nasseren Jahren. Im Gegensatz dazu gibt es im Talgai und Durikai State Forest gar kein Wasser, was heißt, dass man sein eigenes in Kanistern mitnehmen muss. Dafür kann der Aufwand sich aber auch lohnen: Talgai war der Fundort des bisher größten Nuggets in der Warwick-Gegend, mit einem Gewicht von über 1,5 Kilogramm!

Egal, ob Neuling oder alter Hase: Zur Standardausrüstung eines jeden Goldsuchers gehört damals wie heute eine Schaufel und eine Goldwaschpfanne (eventuell mit einem Sieb darüber, um die größeren Steine von vornherein auszusortieren) – und natürlich ein kleiner Behälter, damit der eventuelle Fund nicht verloren geht.

Die erste Frage, die man sich stellt, wenn man in der kargen Landschaft in einer der *fossicking areas* steht, ist: Wo soll ich hier nur anfangen? Gold ist ein schweres Metall (doppelt so schwer wie Blei) und Wasser wäscht es im Laufe der Zeit die Flüsse herunter, wobei es unter großen Felsen, vor ausgedehnten Felsenbänken und in Felsspalten deponiert wurde. Vielversprechend ist außerdem der feste Flussboden unter den weichen Geröllablagerungen. Das sind die perfekten Stellen, um mit dem Graben anzufangen. Der Vorgang des Goldwaschens selbst ist relativ simpel: Man füllt die Pfanne halbvoll mit erfolgversprechendem Sand und Gestein, bedeckt das Ganze mit Wasser und vollführt dann kreisende Bewegungen mit der leicht nach vorn geneigten Pfanne, so dass bei jeder Runde ein wenig Dreck weggespült wird. Wenn kein Wasser mehr übrig ist, kratzt man die oberen zwei Zentimeter ab, entsorgt sie, füllt wieder Wasser auf und schwenkt weiter. Das Ganze wiederholt man so lange, bis man nur noch eine Handvoll Sand in der Pfanne hat. Dann ändert sich die Methode: man gibt nur noch wenig Wasser hinzu, kippt die Pfanne leicht nach vorn und bewegt sich leicht vor und zurück, statt sie zu schwenken. Auch hierbei sollte mit jeder Rückwärtsbewegung ein wenig Sand über den Pfannenrand verloren gehen. Aufhören sollte man, wenn nur noch wenig Sandpartikel übrig sind. Da Gold schwerer als alles andere ist, sollte es sich nun in diesem feinen Rest verstecken. Bei genauerer Betrachtung findet man dann entweder nichts, eine Goldflocke, ein stecknadelkopfgroßes Stück Gold oder gar ein richtiges Nugget.

Info

Lage: 130 km südwestlich von Brisbane und 75 km südlich von Toowoomba

Anfahrt:

- Thanes Creek: 35 km westlich von Warwick biegt man vom Cunningham Highway auf die Thanes Creek Road ab, die nach 3,5 km zur Staubpiste wird. 1,5 km später nimmt man an der Weggabelung die nach rechts abbiegende Hart Road bis zur nächsten Weggabelung nach 2,5 km. Noch einmal rechts auf der Big Hill Road bringt einen nach 1 km zur *fossicking area*.
- Talgai: 7 km westlich von Warwick biegt man vom Cunningham Highway auf die Sandy Creek Road ab, die zur Leyburn Cunningham Road, MacAlister Street und Margetts Street wird, bevor man sie für die unasphaltierte Big Hill Road verlässt und 7 km nach Pratten zum Ziel kommt.
- Durikai: 45 km westlich von Warwick biegt man vom Cunningham Highway auf die Durikai Road ab, um zur *fossicking area* zu gelangen.

Öffnungszeiten: immer

Eintritt: 8,30/11,95 AUD p. P./pro Familie für eine 1-monatige *fossicking licence*, die man online (www.qld.gov.au/recreation/activities/fossicking/licences-permits/purchase) oder beim Besucherzentrum in Warwick erhält (Montag–Freitag 9–17 Uhr, Samstag und Sonntag 10–13 Uhr; 72 Palmerin Street, Warwick; www.southerndownsandgranitebelt.com.au; Tel.: +61 7 4661 3122)

Aktivitäten: Goldschürfen

Unterkünfte:

- % *Pitstop Lodge Bed & Breakfast*: typisches Queenslander Haus; Zimmer ab 135 AUD und Hütte ab 140 AUD; 53 Canningg Street, Warwick; www.pitstoplodge.com.au; Tel.: +61 7 4661 9393
- *Glendon Camping Grounds*: einfacher Campingplatz in der Nähe aller drei *fossicking areas*; verleiht Goldwaschpfannen (10 AUD pro Tag) und bietet geführte Goldsuch-Exkursionen an; Camping ab 25 AUD und Hütte ab 70 AUD; 222 Glendon Road, Thane; www.glendoncamping.com.au; Tel.: +61 7 4667 4756

***Achtung*:** Man sollte sich vorab über die speziellen Vorschriften seiner *fossicking area* informieren wie z. B. max. Aushubgröße, ob Löcher wieder gefüllt werden müssen, ob man Dammwasser entnehmen darf, etc.

48. Condamine Gorge: Nasser Offroad-Fahrspaß

Eines der Highlights der Condamine Gorge ist die Condamine River Road, welche auch als „Track der 14 Flussüberquerungen“ bekannt ist. Zwar ist die Strecke einfach nur 20 Kilometer lang, doch sollte man für die vielen Sehenswürdigkeiten entlang des Weges und in der Schlucht am besten einen ganzen Tag einplanen.

Um in die Condamine Gorge zu gelangen, gibt es zwei Wege: entweder über Killarney im Westen der Schlucht oder über Boonah im Nordosten. Betrachtet man die reinen Kilometer, so ist der Weg über Boonah kürzer. Da man hier aber über kleine Straßen fahren und einen steilen Anstieg bezwingen muss, dauert es effektiv länger.

Die Condamine River Road selbst, die durch die Schlucht hinein beziehungsweise hinaus führt, ist eine unasphaltierte Straße, die durch eine wunderbare Landschaft führt und größtenteils in hervorragendem Zustand ist. Allerdings sollte man trotzdem immer mit Auswaschungen und größeren Schlaglöchern rechnen, welche manchmal auch unter dreckigem Wasser versteckt sein können. Zudem sollte man freilaufende Kühe als Hindernisse nicht unterschätzen, weshalb es Sinn macht sich an die vorgeschriebene Maximalgeschwindigkeit von 30 Kilometern pro Stunde zu halten.

Bevor man sich zu diesem Track aufmacht, empfiehlt es sich den aktuellen Zustand der Flussüberquerungen beim Besucherzentrum in Warwick herauszufinden. Normalerweise ist das Wasser relativ flach und reicht nicht über die Türstufe eines Geländewagens mit viel Bodenfreiheit. Allerdings kann der Condamine River während und nach Regenfällen stark anschwellen, was ihn manchmal unüberquerbar macht. Wer sich dies in einer Trockenperiode und bei Sonnenschein nicht vorstellen kann, sollte einmal einen Blick auf die Bäume am Fluss werfen. In nicht unbeträchtlicher Höhe sieht man hier die Rückstände, die die reißenden Fluten in der Vergangenheit hinterlassen haben.

Die Flussüberquerungen sind in der Regel nicht besonders schwer, da das Flussbett einen harten Boden hat. Man sollte jedoch immer beachten, dass man seinen Allradantrieb eingeschaltet hat, und es schadet außerdem nicht vor jeder Durchfahrt kurz anzuhalten, sich die bes-

40 Meter stürzen die Queen Mary Falls in die Tiefe.

te Spur im klaren Wasser zu suchen und bei Zweifel zuerst zu Fuß zu durchwaten, um eventuelle Untiefen und Felsen zu finden. Dann noch einmal kurz die Gegenseite checken, ob nicht ein anderes Auto kommt, und festlegen, wo man das Flussbett verlassen möchte, bevor man anschließend langsam, aber stetig mit einer kleinen Bugwelle und ohne im Flussbett zu stoppen übersetzt.

Dagg Falls

Wer eine schöne Stelle zum Schwimmen entlang des Flusses findet, kann jederzeit eine Pause einlegen. Man sollte jedoch nahe der Straße bleiben, da sich diese durch Privatgrundstücke schlängelt, die man nicht betreten oder befahren sollte (auch wenn sie nicht extra ausgeschildert oder eingezäunt sind). Am besten sucht man sich einen Badeplatz flussaufwärts von einer Flussüberquerung aus, da sonst die Badefreuden durch aufgewirbelten Schlamm im wahrsten Sinne des Wortes getrübt werden können.

Um zum Ausgangspunkt zurückzukehren, kann man entweder die ganze Strecke noch einmal in die Gegenrichtung machen, oder man fährt eine Schlaufe über die Spring Creek Road, die sich auch Falls Drive nennt.

Dieser hat einige wunderbare Sehenswürdigkeiten zu bieten, wie zum Beispiel die Aussicht vom Carr's Lookout. Doch auch die Queen Mary Falls sind ein großartiger Platz sich die Beine zu vertreten, und sowohl die Dagg Falls als auch die Browns Falls lohnen sich als Abstecher.

Info

Lage: 110 km südwestlich von Brisbane, im Osten von Killarney

Anfahrt: In Killarney beginnt das westliche Ende der Condamine River Road direkt hinter der Polizeistation, wo sich die Arbutus Street und Ivy Street treffen. Von Boonah aus fährt man über die Boonah Rathdowney Road und Carneys Creek Road. Nach der zweiten Überquerung des Teviot Brook geht es auf die Head Road, welche später zur Spring Creek Road wird. Nach 18 km ab dem Beginn der Head Road biegt das östliche Ende der unasphaltierten Condamine River Road von der geteerten Spring Creek Road bei The Head ab.

***Achtung*:** Die Anfahrt über Boonah ist nicht für Wohnanhänger geeignet.

Öffnungszeiten: immer

Eintritt: nichts

Aktivitäten: Geländewagen fahren, Baden, Wandern

Unterkünfte:

- *Oaklea Cottages*: wunderschön gelegene, einfache Unterkunft auf einer Farm in der Schlucht am 4WD Track; Zimmer ab 95 AUD; 1966 Condamine River Road, Killarney; www.oakleacottages.com.au; Tel.: +61 7 4664 7161
- *Adjinbilly Rainforest Retreat Cabins*: 3 wunderschöne Hütten mitten im Regenwald im Westen der Schlucht; Hütte ab 160 AUD (inkl. Glow Worm Tour und privatem Wasserfall); 34 Adjinbilly Road, The Falls; www.adjinbilly.com.au; Tel.: +61 7 4664 1599
- *Queen Mary Falls Caravan Park & Cabins*: kleiner und naturnaher Campingplatz in der Schlucht; Camping ab 25 AUD und Hütte ab 90 AUD; 676 Spring Creek Road, Killarney; www.queenmaryfallscaravanpark.com.au; Tel.: +61 7 4664 7151

***Achtung*:** In der Condamine Gorge gibt es keine Einkaufsmöglichkeiten oder Tankstellen. Alles Nötige muss vorab in Killarney oder Boonah gekauft werden. Auf matschigen Streckenabschnitten der Condamine River Road sollte man Vorsicht walten lassen, da diese rutschig wie Schmierseife werden können.

49. Mount Barney National Park: Erfrischende Talwanderungen

Schroffe Bergkämme, blanke Zinnen und spektakuläre Wildnis – schon von Weitem erkennt man die charakteristischen Gipfel des Mount Barney und Konsorten, welche majestätische Überreste eines Vulkanausbruchs vor 24 Millionen Jahren sind. Doch auch wer nicht Extrembergsteiger ist, findet am Fuße des Hauptberges beeindruckende Wanderungen durch alten Gondwana-Regenwald.

Die Vegetation im Mount Barney National Park ist extrem vielfältig, mit offenen Wäldern in den Gebirgsausläufern, subtropischem Regenwald über 600 Metern und alpiner Heidelandschaft um die Gipfel herum. Dies führt zu einem großen Vorkommen an raren und ungewöhnlichen Pflanzen, inklusive einiger seltener Orchideen.

Kein Wunder also, dass sich hier auch einige besondere Tiere wohlfühlen wie zum Beispiel eine Art der Marmorschwalme (eulenähnliche Vögel) und Braunkopfkakadus. Und wer sich in der Abenddämmerung ruhig in der Nähe eines Wasserlaufs aufhält, hat gute Chancen ein Schnabeltier zu sehen. Diese verraten sich oft durch eine kleine Bugwelle oder Bla-

Die Wasserläufe im Mount Barney National Park sind Heimat von Schnabeltieren.

sen, die aus dem Wasser aufsteigen, während sie auf dem Flussboden nach kleinen Krebsen und Fischen suchen.

Die Gipfel im Mount Barney National Park zu erklimmen ist eine große Herausforderung – mit freiliegenden Felsabschnitten, steilen Kliffs und Stellen, für die man ein geübter Kletterer sein muss. Nur wer extrem fit ist und Erfahrung mit solch einem Gelände und nicht ausgeschriebenen Wegen hat, sollte sich in diese Regionen trauen. Doch selbst dann kann es immer noch sein, dass das Vorhaben nicht von Erfolg gekrönt ist, da einem eventuell Nebel auf dem Gipfel die hart erkämpfte Sicht verwehrt.

Leichter und deutlich entspannter, jedoch nicht weniger atemberaubend, lassen sich hingegen die Täler erkunden. Drei gepflegte Trails finden sich zu Füßen des Mount Barney und sind ideale Ziele für Wanderer, die gerne für ein paar Stunden die Szenerie genießen möchten, ohne auf eine Expedition aufzubrechen.

Der Lower Portals Track führt in circa eineinhalb Stunden vom Lower Portals Car Park über einige steile Stellen bis zu einem wunderschönen Felsenbecken des Mount Barney Creek. Unterwegs lohnt es sich oft, nach Schmetterlingen, Wallabys und Goannas Ausschau zu halten.

Der mit fünf Stunden angesetzte Cronan Creek Track beginnt am Yellow Pinch Car Park und führt entlang einer Feuerschneise unterhalb der South Ridge in den kühlen Regenwald. Nicht besonders anstrengend, aber doch einfach fast sieben Kilometer lang, geht es entlang und über den Cronan Creek, inklusive einem Felsenbecken zum Abkühlen. Wer abenteuerlustig ist, folgt am scheinbaren Ende des Weges den kleinen Steinmännchen für circa 100 Meter durch das Unterholz, ohne jedoch den steilen Abhang hinauf zu steigen. Als Belohnung gibt es ein großes Wasserloch mit einem beeindruckenden Wasserfall, hinter den man sogar klettern kann.

Ungefähr gleich lang wie der Lower Portals Track ist der Upper Portals Track. Allerdings startet dieser vom Cleared Ridge Car Park im Norden des Parks, den man nur mit einem Geländewagen in ungefähr 45 Minuten vom Lower Portals Car Park und der Yellow Pinch Area aus erreicht. Bei dieser Wanderung gilt es wieder einige steile Stellen zu bewältigen,

Mount Barney National Park

und es geht kreuz und quer über einen Fluss, bevor man auch hier mit einem erfrischenden Bad in einem kühlen Wasserloch und einer Reihe von Wasserfällen belohnt wird.

Info

Lage: 100 km südwestlich von Brisbane und 20 km südwestlich von Rathdowney, an der Grenze Queensland/New South Wales

Anfahrt: Über die Boonah Rathdowney Road erreicht man die Upper Logan Road, die direkt zum Yellow Pinch Car Park führt. Verlässt man die Upper Logan Road bereits nach 7 km, so erreicht man nach 3 km den Lower Portals Car Park. Um zum Clear Ridge Car Park im Norden zu kommen, fährt man von der Boonah Rathdowney Road ab auf die ungeteerte Newman Road und anschließend auf die Waterfall Creek Road, für welche man einen Geländewagen benötigt.

Öffnungszeiten: immer

Eintritt: nichts

Aktivitäten: Wandern, Tierbeobachtungen, Baden

Unterkünfte:

- % *Mt Barney Lodge*: rustikale Unterkünfte im Osten des Parks nahe dem Yellow Pinch Car Park (die letzten 3 km sind in gutem Zustand, aber ungeteert); Camping ab 16 AUD p. P., Wohnwagen ab 120 AUD und Hütte ab 160 AUD; 1093 Upper Logan Road, Mt Barney; www.mtbarneylodge.com.au; Tel.: +61 7 5544 3233
- *Barney Creek Cottages*: 4 einfache Hütten im Osten des Parks nahe dem Lower Portals Car Park; Hütte ab 180 AUD; 198 Seidenspinner Road, Mt Barney; www.barneycreekcottages.com; Tel.: +61 7 5544 3285
- % *Mt Barney Wilderness Camping*: kleiner, privater Campingplatz umgeben von Wald im Norden des Parks (nur für Geländewagen erreichbar); Camping 25 AUD p. P.; Waterfall Creek Road, Maroon; www.mtbarney.com.au; Tel.: +61 4 3710 5765

***Achtung*:** Keine Einkaufsmöglichkeiten im Park, d. h. Besucher müssen alles Nötige wie Essen, Wasser, etc. selbst mitbringen. Mitgebrachter Müll muss wieder mitgenommen werden.

50. Main Range National Park: Wanderparadies mit Geschichte

Schroffe Gipfel, tiefe Schluchten und historische Straßenbaugeschichte erwarten Wanderer nur eineinhalb Stunden außerhalb der Hauptstadt Brisbane. Fast zwei Dutzend Wanderwege durchziehen hier die Überreste eines ehemaligen Schildvulkans, aus dem Wind und Wetter mehr als 40 über 1000 Meter hohe Berge formten.

Der Park erstreckt sich über eine Länge von 50 Kilometern und ist in vier separate Sektionen eingeteilt: Goomburra, Cunninghams Gap und Spicers Gap sind im hochgelegenen Nordteil, während die Queen Mary Falls sich in den südlichen Ausläufern befinden und am besten mit der Condamine Gorge (siehe Tipp 48, Seite 218) kombiniert werden.

Am leichtesten erreichbar ist Cunninghams Gap, der sieben Wanderwege von eineinhalb bis zwölf Kilometern Länge bietet. Vom The Crest Car Park aus kann man entweder fünf Kilometer entlang des Box Forest

Lookout in Cunninghams Gap

Track unter Baumriesen wandeln, oder man nimmt den kurzen Rainforest Circuit, der zum Fassifern Valley Lookout führt, von dem aus man alte Vulkangipfel, das gleichnamige Tal und den Lake Moogerah in der Ferne sieht. Fleißige Wanderer können von hier aus weiter in den Park eindringen und die nach Regen beeindruckenden, 100 Meter hohen Gap Creek Falls, einen Hain mit subtropischen Palmen auf dem Palm Grove Circuit oder ein Meer an großen, rotblühenden Schwertlilien am Mount Cordeaux bestaunen.

Regenwaldriese entlang des Box Forest Track

Auch wenn heutzutage der Highway durch den Pass bei Cunninghams Gap führt ist, so war der ursprünglich beste Weg über den Gebirgszug bei Spicers Gap. Schon die Aborigines nutzten diesen, und Mitte des 19. Jahrhunderts baute man hier eine erste Straße. Diese erlaubte es mittels Ochsenkarren die Siedler in den westlich gelegenen Darling Downs zu versorgen und die Wolle ihrer Schafe in den Hafen nach Brisbane zu bringen. Erst zu Beginn des 20. Jahrhunderts entschied man sich aufgrund fortgeschrittener Straßenbautechniken die direktere Route über Cunninghams Gap auszubauen.

Die meisten der fünf Wanderungen in der Spicers Gap Section sind kurzer Natur, wie zum Beispiel diejenige zum Governors Chair Lookout, von dem aus man einen wunderbaren Ausblick über das Fassifern Valley hat

Regenwalddach

und von dem man sich erzählt, dass die Regierungschefs von Queensland sich hier früher regelmäßig eine Pause gönnten, wenn sie auf der Durchreise waren. Auf dem drei Kilometer langen Heritage Trail kann man die ursprüngliche Straße entlang wandern, und dank zahlreicher Informationstafeln lernt man viel über die verschiedensten Straßenbautechniken von damals.

Die nördlichste Sektion im Park, Goomburra, ist zugleich auch die bergigste. Ungefähr die Hälfte der zehn bis zu zwölf Kilometer langen Wanderungen hier beginnt am Ende der geschotterten Forestry Reserve Road, die andere Hälfte entlang der Lookout Road. Über mehrere Brücken führt zum Beispiel der kurze Dalrymple Circuit zum Cascades Circuit, der drei Stunden lang Felsenbecken und Wasserfälle im Regenwald entlang eines Baches bietet. Wer zusätzlich noch durch lichten

Eukalyptuswald wandern möchte, der kann auf dem Rückweg den Ridge Track nehmen. Ein wunderbarer, natürlicher Pool und ein fantastischer Wasserfall finden sich am Ende des Weges zu den Araucaria Falls und sowohl Sylvesters Lookout als auch Mount Castle Lookout lassen einen nach kurzer Wanderung einen Blick auf das Land hinter der Küste werfen. Wer sich für die ehemalige Holzindustrie in den Bergen interessiert, findet am Ende des sechs Kilometer langen Winder Track eine alte, verrostete Winde.

Info

Lage: 90 km südwestlich von Brisbane und 40 km nordwestlich von Warwick

Anfahrt:

- Die Cunninghams Gap Section erreicht man über den Ipswich Motorway und den Cunningham Highway von Brisbane aus.
- Zur Spicers Gap Section biegt man 5 km nach dem Dorf Aratula vom Highway ab auf die Lake Moogerah Road, die man dann auf die Spicers Gap Road verlässt. Die letzten 5 km sind ungeteert, aber mit normalen Autos (nicht mit Wohnmobilen oder Wohnanhängern) befahrbar.
- Um zur Goomburra Section zu gelangen, nimmt man die Goomburra Road ca. 20 km westlich vom Pass. Die letzten 6 km sind wieder Staubpiste, allerdings gut mit normalen Autos befahrbar, wenn es nicht kurz vorher stark geregnet hat.

Öffnungszeiten: immer

Eintritt: nichts

Aktivitäten: Wandern, Tierbeobachtungen

Unterkünfte:

- QPWS Campingplätze *Manna Gum* und *Poplar Flat*: Standardplätze in der Goomburra Section ohne Strom, aber mit Toiletten, Wasser und Holzgrills (Holz muss mitgebracht werden); jeweils 6,55 AUD p. P. (ab 5 J.); Onlinebuchung: www.qld.gov.au/camping ⇨ camping
- *Goomburra Forest Retreat*: nachhaltig ausgerichtete Unterkünfte und Campingplatz an der Grenze zur Goomburra Section; Camping ab 15 AUD p. P., Safarizelt ab 160 AUD und Hütte ab 200 AUD; 268 Forestry Reserve Road, Goomburra; www. goomburraforestretreat. com.au; Tel.: +61 7 4666 6179

***Achtung*:** Mitgebrachter Müll muss wieder mitgenommen werden.

Leser-Specials

Tour-Anbieter

Australian Nature Guides	5 % Rabatt	auf alle Touren
Beenleigh Artisan Distillery	1 kostenlose Rumtour	
Blue Dolphin Marine Tours	5 % Rabatt	auf alle Touren
Capricorn Caves	10 % Rabatt	auf ausgewählte Touren
Eromanga Natural History Museum	5 % Rabatt	auf ausgewählte Touren
Go Vertical Stand Up Paddle Hire	10 % Rabatt	auf alle Touren, Unterricht und Boardleihe
Kanu Kapers Australia	10 % Rabatt	auf alle Touren und Equipmentleihe
Lake Escapades	10 % Rabatt	auf alle Touren und Equipmentleihe
Longreach School of Distance Education	2-5 AUD Rabatt	auf die Tour
Merrick's Learn to Surf	10 % Rabatt	auf Unterricht und Boardleihe
O'Reilly's	10 % Rabatt	auf die Glowworms Tour
Scubaworld	10 % Rabatt	auf alle Tauchausflüge, Equipmentleihe und NITROX
Straddie Kingfisher Tours	5 % Rabatt	auf alle Touren
Sunreef Mooloolaba	7 % Rabatt	auf ausgewählte Tauch- und Schnorchelausflüge
SUP in Paradise	10 % Rabatt	auf alle Touren, Unterricht und Boardleihe
Wolf Rock Dive Centre	5 % Rabatt	auf alle Tauchausflüge und Equipmentleihe

Unterkünfte

Avocado Sunset Bed and Breakfast	10 % Rabatt	auf alle Zimmerkategorien
Binna Burra Lodge	10 % Rabatt	auf alle Übernachtungsoptionen
Capricorn Caves	10 % Rabatt	auf ausgewählte Zimmerkategorien
Cedarview Bed & Breakfast	5 % Rabatt	auf alle Zimmerkategorien
Debbie's Place	10 % Rabatt	auf alle Zimmerkategorien
Girraween Environmental Lodge	1 Flasche regionaler Wein	bei Buchung eines Chalets
habitatnoosa	10 % Rabatt	auf alle Übernachtungsoptionen
Mt Barney Lodge	10 % Rabatt	auf alle Übernachtungsoptionen zu eingeschränkten Zeiten
Mt Barney Wilderness Camping	10 % Rabatt	auf alle Übernachtungsoptionen
O'Reilly's	10 % Rabatt	auf ausgewählte Übernachtungsoptionen zu eingeschränkten Zeiten
Pitstop Lodge Bed & Breakfast	5 % Rabatt	auf alle Übernachtungsoptionen
Sandstone Park	10 % Rabatt	auf Camping
The Beachcamp Eco Retreat	5 % Rabatt	auf alle Übernachtungsoptionen
The Mouses House	10 % Rabatt	auf alle Übernachtungsoptionen

Für eine aktuelle Übersicht der Leser-Specials besuchen Sie bitte www.michaelaurban.com/360qlds (Passwort: Outback). Ein Klick auf den jeweiligen Anbieter bringt Sie zu einer detaillierten Beschreibung des Leser-Specials und erklärt, wie man es bekommt.

Bildnachweis:

Alle Bilder stammen von Michaela Urban, außer:
Batsv cc by-sa 4.0 S. 180 | Beenleigh Artisan Distillery S. 162-165 | cc0 S. 179, 194 | Carl Charter S. 94 | Jo Cheryl Davies cc by-sa 4.0 S. 156 | Denisbin cc by-sa 2.0 S. 160 | Bernard Dupont cc by-sa 2.0 S. 96 | Richard Fisher S. 10/11 | Arne Gething S. 133 | Go ride a wave S. 111u | Stewart Jones S. 224 | Kgbo cc by-sa 4.0 S. 154 | Lobster1 c by-sa 3.0 S. 159o | Map4news S. 8, 9, 12, 44, 78, 100, 144, 178, 202 | Nigel Marsh S. 131 | Migration Media S. 134-137 | Peter Pfeugel S. 95 | Rickybarron cc by 3.0. S. 220 | ScherrsNature cc by-sa 4.0 S. 155 | Matt Shephard S. 130, 175 | Linda Spiteri S. 184 | Tourism and Events Queensland S. 13-19, 22-27, 38-43, 46, 50-52, 54, 61, 64-74, 76/77, 80, 83-90, 102, 103o, 104, 106, 110, 111o, 112, 113, 115-120, 138, 140-145, 148-153, 158/159, 166-172, 181, 182, 185, 186, 190, 198-212, 219, 222/223, 226-228 | Tourism and Events Queensland/Blink Photography S. 55-57 | Tourism and Events Queensland/Larissa Dening S. 101, 103u, 123-126, 128, 129, 139, 146, 147 | Tourism and Events Queensland/Charlie Ferguson Titelseite | Tourism and Events Queensland/Jason Charles Hill S. 176/177 | Tourism and Events Queensland/Darren Jew S. 58 | Tourism and Events Queensland/Sabrina Lauriston S. 60, 62, 82 | Tourism and Events Queensland/Matthew Taylor S. 192/193 | Tourism and Events Queensland/Matthew Taylor Thomas S. 188, 189 | Tourism Australia S. 214/215 | Wolf Rock Dive S. 97 | YetiHunter cc by-sa 3.0 S. 20